新图解财会系列丛书

# 图解
# 会计报表

李旭◎编著

立信会计 出版社

LIXIN ACCOUNTING PUBLISHING HOUSE

**图书在版编目(CIP)数据**

图解会计报表 / 李旭编著. —上海：立信会计出
版社,2018.6

ISBN 978 - 7 - 5429 - 5812 - 9

I. ①图… Ⅱ. ①李… Ⅲ. ①会计报表—图解 Ⅳ.
①F231.5-64

中国版本图书馆 CIP 数据核字(2018)第 147168 号

策划编辑　蔡伟莉

责任编辑　何颖颖

封面设计　南房间

**图解会计报表**

| | | | | | |
|---|---|---|---|---|---|
| 出版发行 | 立信会计出版社 | | | | |
| 地　　址 | 上海市中山西路 2230 号 | | 邮政编码 | 200235 | |
| 电　　话 | (021)64411389 | | 传　　真 | (021)64411325 | |
| 网　　址 | www.lixinaph.com | | 电子邮箱 | lxaph@sh163.net | |
| 网上书店 | www.shlx.net | | 电　　话 | (021)64411071 | |
| 经　　销 | 各地新华书店 | | | | |

| | | | |
|---|---|---|---|
| 印　　刷 | 上海天地海设计印刷有限公司 | | |
| 开　　本 | 710 毫米×960 毫米 | | 1/16 |
| 印　　张 | 12 | | |
| 字　　数 | 164 千字 | | |
| 版　　次 | 2018 年 6 月第 1 版 | | |
| 印　　次 | 2018 年 6 月第 1 次 | | |
| 印　　数 | 1—3000 | | |
| 书　　号 | ISBN 978 - 7 - 5429 - 5812 - 9/F | | |
| 定　　价 | 36.00 元 | | |

如有印订差错,请与本社联系调换

无论是以盈利为目的的公司、个体户，还是一些具有社会职能，非营利性的组织机构，都需要配备会计这个岗位，以帮助其进行账务处理。可见，会计作为一项专业技能，其应用范围很广，职业发展空间也很大。近年来，越来越多的人致力于从事会计职业。

虽然很多的人想选择会计岗位，但是该岗位专业理论性很强，入门并不轻松。因此，对于一些想要涉足该领域的朋友而言，没有一个好的学习方法和正确的学习途径是很难顺利投身到该领域中的。

阅读图书是快速获取知识的捷径，对于一些立足理论讲解的传统教材而言，其更侧重于对一些艰涩难懂的专有名词或各种理论进行程式化概述，缺乏实务演示。而会计专业恰恰是实务与理论并重的，甚至在实际工作中，实践的重要性要大于理论知识。

全新的"图解财会系列丛书"通过漫画、思维导图、逻辑构图、具体实例等内容，将枯燥乏味的知识点进行图解，让读者由实例引导的感性认知，到结合图例而深入的图像化理性接纳。图解，既是一种形式，更是一种学习知识的技巧和方式。

为了能让读者们接触更实用的会计知识，使传统理论讲解更贴近读者，我们沿用了这种更接地气的方式，将会计知识进行图解，并从不同的角度一一进行诠释。

多年前曾出版的一套图解财会系列丛书深受广大读者的青睐，得到市场一致好评，但随着时间的流转，很多财会知识也都发生了变化，因此有必要重新编写一套图解财会系列

前 言
FOREWORD

丛书。该丛书在原图解财会系列的基础上，重新对内容进行了编写，并将会计按照不同专业进行更为细化的分类，如出纳、财务会计、报表会计、税务会计等，并针对不同专业单独成册，力求打造一套全方位的图解财会系列丛书，呈现给广大读者。也希望广大读者一如既往地支持图解财会系列丛书，欢迎各界朋友对该套丛书提出宝贵意见或建议，以便我们做得更好。

编　者

**目　录**
CONTENTS

# 第一章

## 遨游于会计报表之间，收获多多

有道是：报表之处有风景，知识深处有传奇，上可瞭望白云苍狗、天际辽阔，下可俯瞰红尘滚滚、一马平川。接下来，就让我们在会计报表里尽情遨游，领略种种"风情"吧……

# 第一节　会计报表有什么含义

　　人生或许不会量化，但是如果按照小白的理解，我们将自己的收入、资产、负债等情况做一下量化，似乎并不为过。

　　下面，先给大家讲一段比较有趣的故事，我们以女生找男朋友为例，体验一下人生中的会计报表到底是怎么回事……

　　我们假定女生在挑选男朋友的时候总是理性的，一般是挑选财

务状况更好的男生。现在有人给丽丽介绍了两个男朋友：A 男和 B 男。为了了解他们的财务状况，丽丽要求他们分别提供各自的资产负债表，结果 A 男的资产负债表显示拥有 30 万元流动资产；B 男资产负债表显示拥有 20 万元流动资产以及 120 万元固定资产（房产和小汽车）。毫无疑问，丽丽会选择 B 男作为男朋友。一段时间后，丽丽与 B 男分手，之后有人又给丽丽介绍了两个男朋友：C 男与 D 男。同样，丽丽要求他们各自提供资产负债表，可是报表上显示 C 男和 D 男两人均拥有流动资产 10 万元以及固定资产 100 万元。不过，这可难不住聪明的丽丽，她要求两位分别提供各自的利润表，结果 C 男每月收入 7 000 元，支出 2 000 元，净利润 5 000 元；D 男每月收入 10 000 元，支出 5 000 元，净利润同样为 5 000 元，虽然两人每月的净利润相等，可是很明显 D 男的生活质量更高，于是丽丽选择 D 男做男朋友了。后来因相处不合适，丽丽与 D 男分手，朋友又给她介绍了两个男朋友：E 男和 F 男。与之前同样的要求，可是资产负债表和利润表上显示两人的财务状况均是相同的。这有什么难的？丽丽可是财经专业出身，她灵机一动，让两人各自出具现金流量表，结果 E 男的现金流量表显示从本职工作（经营活动）中取得的现金流入占所有现金流入的 80%；而 F 男的现金流入中股票、基金投资（投资活动）占 75%。由此可见，F 男每月的收入风险比 E 男大很多，丽丽心想还是工作收入高靠谱，于是选择 E 男为男朋友。

　　仔细想想，在现实生活中，何尝不是如此？我们每个人都有一套无形的人生会计报表。从我们上小学、初中、高中到大学，我们一直在为我们的会计报表而奋斗。在学校里，我们学习书本知识，积累了大量的无形资产，但它们却如同企业的商誉一样，看不见摸不着，难以计量，无法确认为资产。毕业以后，我们进入社会，从事工作，看到资产负债表里的流动资产在"蹭蹭地"上涨，很高兴；然而渐渐地我们会发现，我们拥有的资产在这个物质社会是那么渺小、不堪一击，尤其是男生，在未来丈母娘"火眼金睛"的审计下，怎能不想尽一切办法增加不动产，以此来壮大自己的财务实力呢？为此，我们又会通过增加负债来提高资产总额，却忽视了只有净资产（所有者权益）才是真正能体现我们实力的财产。

心好累

光阴如梭，很快我们又步入了婚姻的殿堂，婚姻是两个人合并的过程，以前单身的时候我们各自拥有一套会计报表，现在通过合并，我们需要重新编制一套以家庭为单位的合并会计报表。从此以后，个人报表将不再具有意义，合并报表才是衡量我们实力的标准。

之后，我们的宝宝诞生了，从她呱呱坠地的那一刻开始，我们就又开始考虑：宝宝身上的支出应该费用化计入当期损益呢，还是应该予以资本化计入无形资产？在我看来，孩子是我们未来的希望，应将其确认为无形资产，无形资产是属于能够带来未来经济利益的资源。但想想我们自己，从出生到上学，再到工作，到现在的成家，我们为父母提供了多少经济利益？

为了一张令人称赞的资产负债表，我们绞尽脑汁，负债累累；为了一张"华丽"的利润表，我们拼尽全力，其中的辛酸苦楚只有我们自己清楚。殊不知，会计报表上的数字永远没有上限，就如同我们的拼搏永远没有止境。

体验了人生的会计报表，随后我们需要了解一下财务中的会计报表包括哪些内容。

在日常的会计工作中，我们已经将企业的财务状况、经营成果和现金流量等情况在会计记录中进行了反映，但是这些核算资料不仅数量多而且分散，不能概括地反映企业的财务状况和经营成果，企业的利害关系人也不能够直接利用这些会计资料，这就有必要对这些繁杂的会计资料进行整理、汇总，按照一个固定的格式进行编制，从而能够总括、综合地反映企业的经济活动过程和结果，于是会计报表应运而生。会计报表是随着商业社会对会计信息披露程度要求越来越高而不断发展的。

会计报表是企业的会计人员根据一定时期（例如月、季、年）的会计记录，按照既定的格式和种类编制的反映企业某一特定日期财务状况和某一会计期间经营成果、现金流量的总结性书面文件。会计报表是企业财务报告的重要组成部分，是企业向外传递会计信息的主要手段。

# 第二节　会计报表的构成是什么

　　按照我国现行会计制度和《公司法》的规定，一套完整的会计报表应当包括"四表一附注"，会计报表包含的内容见图 1-1。

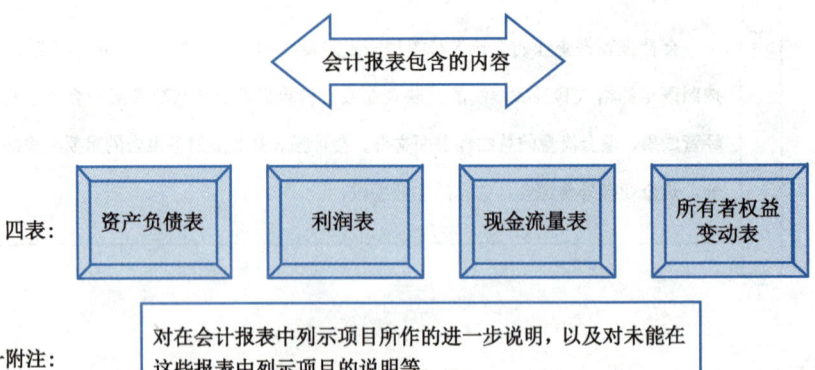

图 1-1　会计报表包含的内容

　　资产负债表是指反映企业在某一特定日期的财务状况的报表。资产负债表主要反映资产、负债和所有者权益三方面的内容，并满足"资产=负债+所有者权益"平衡式。

　　通过资产负债表，可以反映出企业资产、负债、所有者权益的总额及构成情况，有助于报表使用者进一步分析企业生产经营的稳定性、了解企业负债的基本信息、分析及预测企业生产经营安全程度和抗风险的能力。

利润表是指反映企业在一定会计期间经营成果的报表。

通过利润表，可以反映企业在一定会计期间收入、费用、利润（或亏损）的数额和构成情况，帮助财务报表使用者全面了解企业的经营成果，分析企业的获利能力及盈利增长趋势，从而为其作出经济决策提供依据。

现金流量表是反映企业在一定会计期间现金及现金等价物流入和流出的报表。

通过现金流量表，可以概括反映经营活动、投资活动和筹资活动对企业现金流入和流出的影响，对于评价企业实现利润、财务状况及财务管理，要比传统的损益表提供了更好的基础。

所有者权益变动表是反映构成所有者权益的各个组成部分当期的增减变动情况的报表。

通过所有者权益变动表，既可以为报表使用者提供所有者权益总量增减变动的信息，也能为其提供所有者权益增减变动的结构性信息，特别是能够让报表使用者理解所有者权益增减变动的根源。

会计报表附注是对资产负债表、利润表、现金流量表和所有者权益变动表等报表中列示项目的文字描述或明细资料，以及对未能在这些报表中列示项目的说明等。可以使报表使用者全面了解企业的财务状况、经营成果和现金流量。

报表附注不仅是为了便于使用者理解报表的内容而对会计报表的编制基础、编制依据、编制原则和方法及主要项目等所作的解释，还对报表起补充说明的作用，也便于报表使用者作出更科学合理的决策。

## 第三节　会计报表的意义有多少

　　人们需要定期进行体检，以便对自己身体健康状况有个大致的了解。会计报表的意义也在于此。公司近一段期间经营状况如何，面临什么风险都可以通过会计报表一目了然。尤其经过第三方会计师事务所审计的会计报表，更有权威性。

　　会计报表是以会计账簿为主要依据，以货币为计量单位，全面、总括地反映会计个体在一定时期内财务状况、经营成果和现金流量过程的报告文件，是会计核算的最终成果。

企业在日常的会计核算中，对其经营过程中所发生的各项经济业务，分别通过设置账户、复式记账、填制和审核凭证、登记账簿、成本计算、财产清查等会计核算方法，反映在各种会计账簿中。会计账簿资料是根据会计凭证分类汇总登记的，虽然比会计凭证反映的信息更条理化、系统化，但就其某一会计期间的经营过程整体而言，它所提供的会计信息仍然是不完整和相对分散的，不能够集中地、简明扼要地反映公司经营过程的全貌。

> 如果说之前我们所做的设置账户、填制和审核凭证、登记账簿等工作宛如集大成之玉盘，将前期分散的会计工作大珠小珠悉数收于其中，那么编制会计报表则如览众山之绝顶，将会计核算数量多而分散的工作进行归集整理、加工、汇总，并按照固定的格式进行编制，为有关方面提供总括性的会计信息，就成为一项不可或缺的会计工作。

会计编制出的财务报表，到底给谁看呢？其实这要从会计报表的作用说起。

在现代企业中，会计报表汇总了公司过去的业绩情况，并把这些财务信息传递给信息使用者，使信息使用者能更加准确地评定企业的价值。会计报表对使用者的影响与重要性显而易见，其作用主要包括四点，详见图1-2。

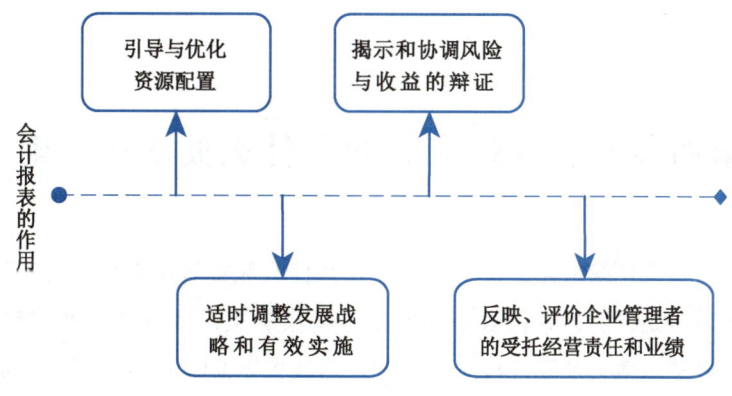

图1-2　会计报表的作用

了解会计报表编制的作用后，我们不由得会想：哪些人会使用会计报表呢？不同的使用者，其关注点是不是一样呢？会计报表使用者的构成详见图1-3。

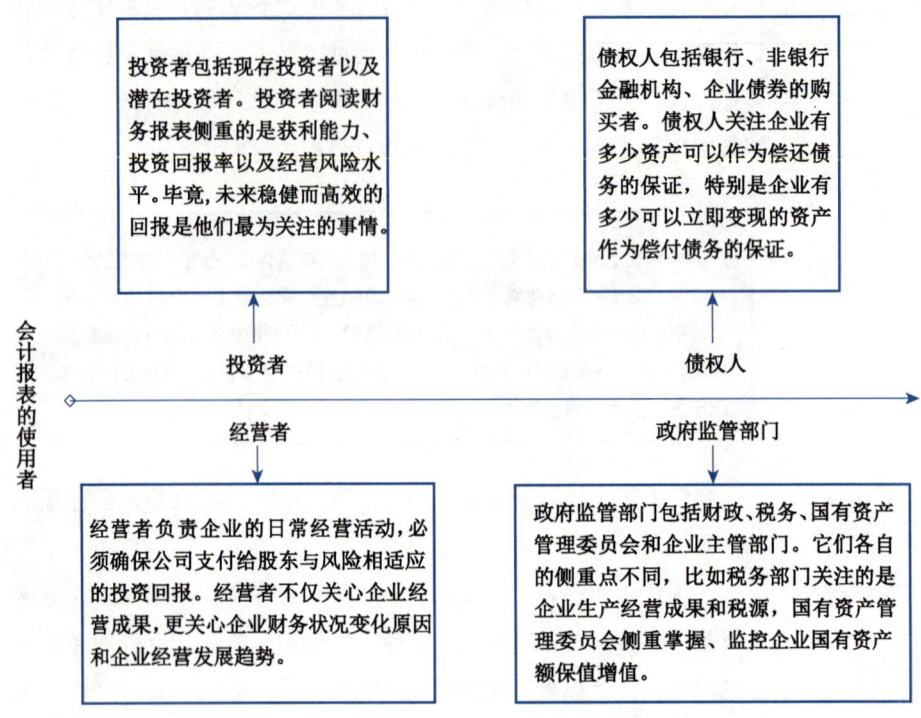

图1-3    会计报表使用者的构成

# 第四节    会计报表编制有什么要求和原则

我们在编制会计报表时应该注意什么呢？有没有窍门呢？答案是肯定的。会计报表的编制是以真实的交易或事项以及完整、准确的账簿记录等资料为依据的，这就要求企业在编制报表时应遵循国家统一的会计准则规定的编制基础、编制依据、编制原则和方法。

在编制会计报表时，应当按照国家统一的会计制度规定的报表格式和内容，根据登记完整、核对无误的会计账簿记录和其他有关资料进行编制，必须做到以下五点，详见图1-4。

图 1-4　编制会计报表的注意事项

为充分发挥会计报表的作用，必须保证会计报表的质量，为此，我们再编制会计报表应符合下列基本原则，详见图1-5。

编制会计报表的原则

| 持续经营原则 | 公允列报原则 | 权责发生制原则 | 信息列报一致性原则 | 重要性原则 | 抵销原则 | 信息列报可比性原则 |

**图 1-5　编制会计报表的原则**

　　在日常工作中，有的人说会计报表，有的人说财务报表，还有的人说财务报告，那么它们三者到底有什么关系？下面我们来看一下会计报表、财务报表、财务报告的区别与联系。

　　财务报表即会计报表，会计报表和财务报表只是两种不同的说法，会计报表是习惯说法。两者所指的是一样的，包括资产负债表、利润表、现金流量表、所有者权益变动表。

　　而财务报告，除报表外还包括附注。财务报告一般以会计报表为依托，对会计报表进行更详细的解释和分析，详述一个会计期间内的经营成果，更好地描述企业现存状况、盈亏原因，以及如何应对财务危机、实现更大利润、制定长期发展目标等。

# 第二章
## 资产负债表是"底子"，你的家底有多厚

　　资产负债表是"底子"，意味着企业自己拥有什么，又有多少是欠别人的。资产越多，家底越厚，实力越大！

## 第一节　资产负债表的三要素包括什么

　　小白的质疑不无道理。资产负债表其实有三个主角：资产、负债和所有者权益。教科书中将该表命名为资产负债表，可我们每位初学者切记不要忘了所有者权益的存在。可以这么理解，一家公司没有负债可以，但是没有所有者权益就会显得不正常，或者是某些较为特殊的情况才可以。

俗话说："无规矩不成方圆"，做任何事都有规矩可循，同理，编制会计报表也有属于它自己的"规则"，那就是编制会计报表的理论依据和基础，即会计恒等式"资产＝负责＋所有者权益"。这也是资产负债表编制的法则。

我们先"游览"一下简单的资产负债表，见表2-1。

表 2-1　　　　　　　　　资 产 负 债 表

| 资　产 | 期末余额 | 年初余额 | 负债和所有者权益（或股东权益） | 期末余额 | 年初余额 |
|---|---|---|---|---|---|
| 流动资产 | | | 流动负债 | | |
| | | | 非流动负债 | | |
| | | | 所有者权益 | | |
| 非流动资产 | | | 实收资本（或股本） | | |
| | | | 资本公积 | | |
| | | | 盈余公积 | | |
| | | | 未分配利润 | | |
| | | | 所有者权益（或股东权益）合计 | | |
| 资产总计 | | | 负债和所有者权益（或股东权益）总计 | | |

根据以上知识，诸位想必已经对企业的资产、负债和股东权益的总额及其内部各项目的构成和增减变化有一个初步的认识。接下来我们围绕资产负债表三大因素即：资产、负债和所有者权益来进行讲解。

## 游览项目一：资产

从定义上看，资产是指企业过去的交易或者事项形成的、由企业拥有或控制的、预期会给企业带来经济利益的资源。它有以下几个特征，详见图2-1。

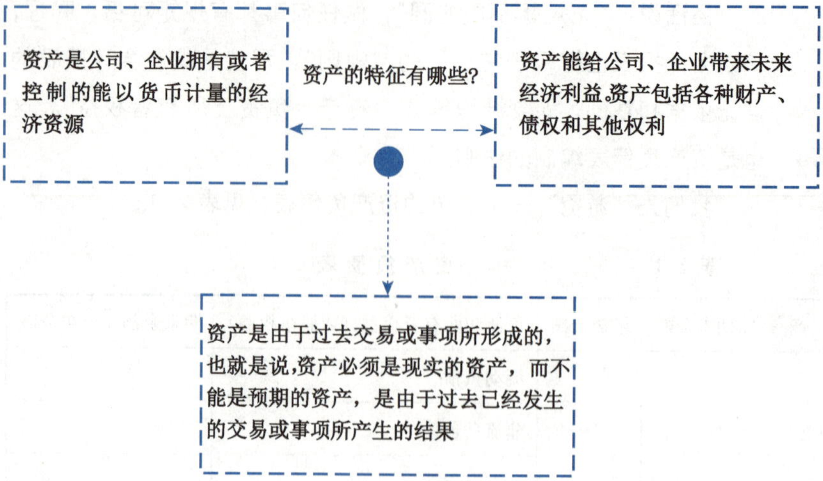

资产是公司、企业拥有或者控制的能以货币计量的经济资源

资产的特征有哪些?

资产能给公司、企业带来未来经济利益。资产包括各种财产、债权和其他权利

资产是由于过去交易或事项所形成的,也就是说,资产必须是现实的资产,而不能是预期的资产,是由于过去已经发生的交易或事项所产生的结果

图 2-1    资产的特征

**举例理解**

下面,给大家举例如下。

某企业仓库存放一批家电,价值 300 万元,是受甲公司委托,代为保管的。那么这价值 300 万元的存货就不属于该企业所有,也就是说不应该确认为该企业的资产。

理由:资产应该是企业拥有或控制的资源,在对其进行判断时,所有权是考虑的首要因素,这批家电,只是该企业代为保管,虽然存放在自己的仓库,但不为企业所拥有,因此不能确认为资产。

某企业 2017 年 1 月份购入一台机器设备,价款为 180 万元,应将其确认为资产;之后该企业计划 2019 年再购入两台相同的设备,这项交易就不能确认为企业的资产。

理由:资产是企业过去的交易或者事项形成的,只有过去的交易或事项才能产生资产,企业预期在未来发生的交易或者事项不形成资产;所以预计将要购买的两台设备就不能确认为企业的资产。

## 游览项目二：负债

从定义上看，负债是指企业过去的交易或事项形成的、预期会导致经济利益流出企业的现时义务。它有以下几个特征，详见图2-2。

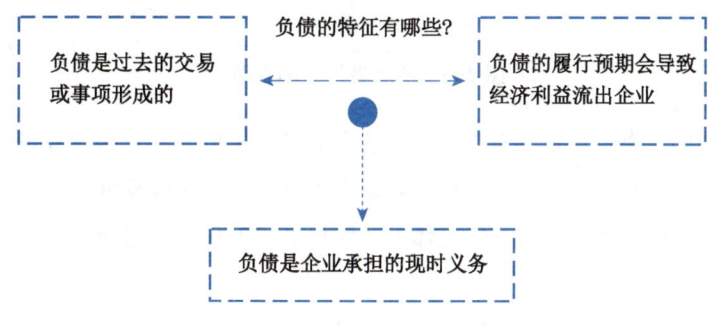

图 2-2　负债的特征

**举例理解**

下面，给大家举例如下。

某企业目前有一个投资机会，但因资金短缺，打算向银行贷款500万元，该500万元就不应该确认为负债。

理由：负债是企业过去的交易或者事项形成的，也就是说，只有过去的交易或事项才能形成负债，企业将在未来发生的事项或交易就不能确认为企业的负债，所以该企业不能将这500万元确认为负债。

## 游览项目三：所有者权益

从定义上看，所有者权益是指企业资产扣除负债后，由所有者享有的剩余权益。所有者权益又称为股东权益。

该定义说明了所有者权益的经济性质和构成。资产扣除负债后的余额，也称为净资产。它的来源构成详见图2-3。

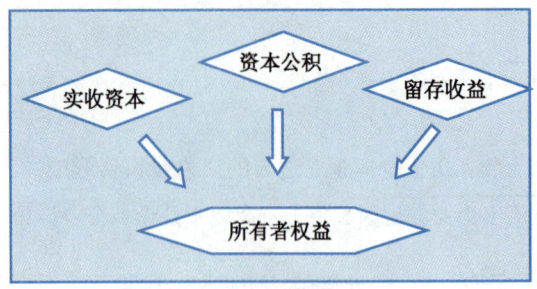

**图 2-3　所有者权益的来源**

　　所有者权益是所有者对企业资产的剩余索取权，它是企业资产中扣除债权人权益后应由所有者享有的部分，既可以反映所有者投入资本的保值增值情况，又体现了保护债权人权益的理念。

# 第二节　会计恒等式也可以变身

小白家养了一缸鱼，但是有4条是帮朋友小胖养的。可以说这10条鱼中，4条是需要还给小胖的，另外6条才是自己的。会计中资产的概念犹如这个鱼缸中的10条鱼，负债是4条，所有者也就是鱼缸的主人自己有6条。别看这是小儿科的算术题，其实揭示了会计的第一恒等式哦！

资产 = 负债 + 所有者权益，即：资金运用 = 资金来源。

如图2-4所示，我们可以将资产负债表理解成是一个天平，天平的一边是"资产"，天平的另一边是"负债 + 所有者权益"，只有保持"资产 = 负债 + 所有者权益"这个恒等式成立，天平才得以平衡。

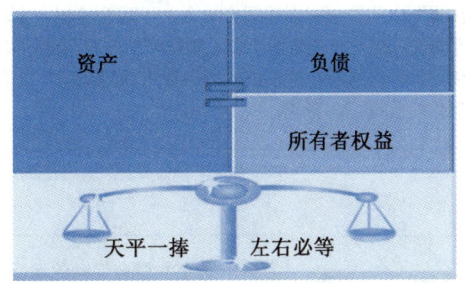

图 2-4　资产、负债和所有者权益

该会计恒等式是会计记账、核算的基础，同时也是编制资产负债表的理论依据，它表明了债权人与股东两者在企业的资产总额中各自分别所占的比重。它们的关系详见图2-5。

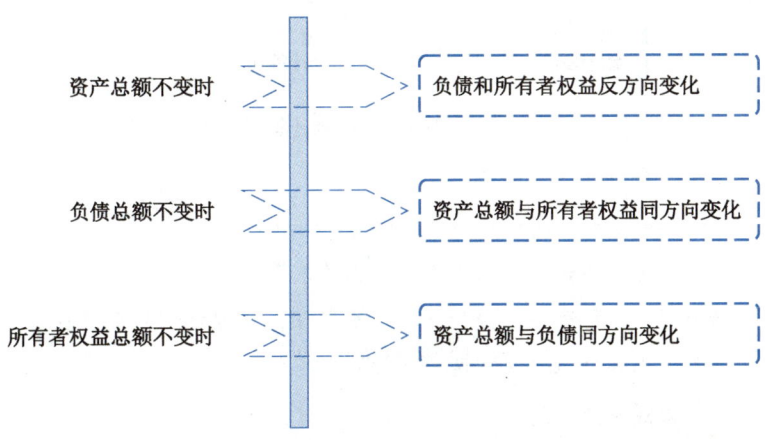

图 2-5　三要素的关系

**变身一**

"收入−费用=利润(或亏损)"，即：得到的−付出的=赚的(或亏的)。企业的目标就是赚钱，只有取得的收入抵销为这笔收入所花的费用还有剩余，企业才算是盈利了。

**变身二**

"资产=负债+所有者权益+收入−费用"。企业在经营中，一方面"收入−费用=利润"中的利润就表明现金流入大于现金流出，也就是企业资产增多。从另一个方面说，这一时刻负债不变，赚与赔都是股东的。新的所有者权益=旧的所有者权益+利润=旧的所有者权益+收入−费用；而新资产=负债+新所有者权益=负债+旧的所有者权益+收入−费用。

| | | |
|---|---|---|
| 反映企业资金运动的静态状况，也就是企业经营中的某一天，一般是开始日或结算日的情况。 | 反映的是企业资金运动的情况，所有的资产都是为了赚钱，而资产一旦运用并取得收入时，资产就转化为费用，收入减去费用即为利润，又叫净收益。 | 净收益又会作为资产用到下一轮的经营，于是就产生了等式三。等式三并没有破坏等式一，当利润分配后，分成股东收益和一部分交税后，就又回到等式一。 |

不同等式反映的内容不同

第一个会计等式　　第二个会计等式　　第三个会计等式

**图 2-6　不同会计等式反映不同的内容**

综上所述，会计六要素不管如何转变，最后都会回到"资产=负债+所有者权益"这一等式，万变不离其宗。如果在实际记账工作中，等式不平了，那就说明记账有误。

游戏有游戏的规则，会计也有会计的记账规则，我们必须严格遵守。

资产负债表的作用，是绝对的举足轻重，就如同一个人身份证的正面。

资产负债表主要提供企业在某一特定日期的资产、负债、所有者权益及其相互关系的信息，它主要有以下几点作用，详见图2-7。

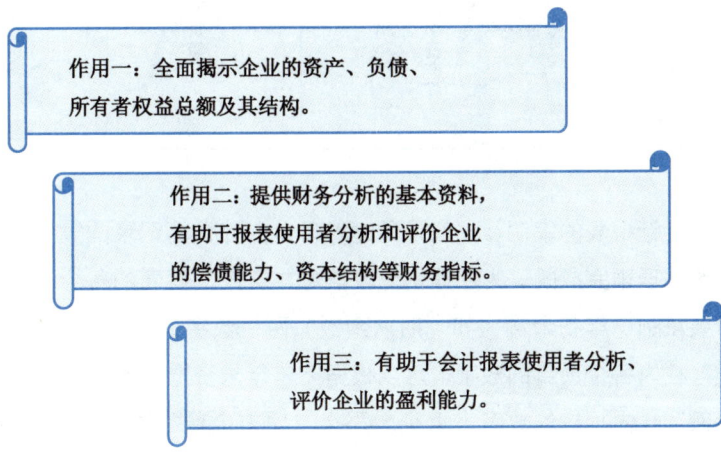

作用一：全面揭示企业的资产、负债、所有者权益总额及其结构。

作用二：提供财务分析的基本资料，有助于报表使用者分析和评价企业的偿债能力、资本结构等财务指标。

作用三：有助于会计报表使用者分析、评价企业的盈利能力。

图 2-7　资产负债表的作用

## 第三节　资产负债表各项目的"排列顺序"是什么

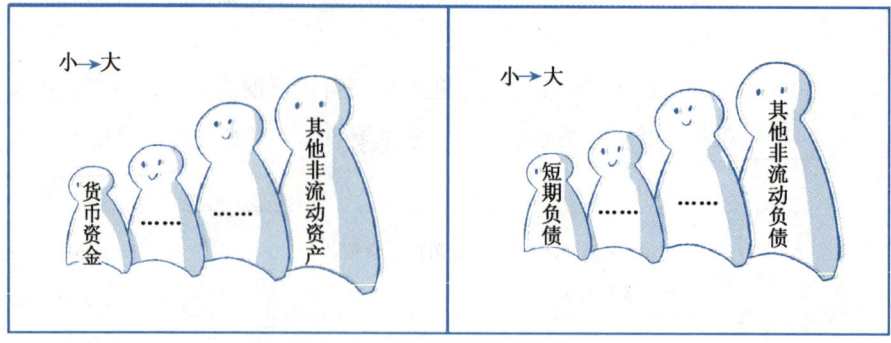

　　会计报表的编制，一般是通过对日常会计核算记录的数据加以归集整理来完成的。为了提供比较信息，资产负债表的各个项目均需要填列"年初余额"和"期末余额"两栏数字。其中，"年初余额"栏内各个项目的数字，可以根据上年年末资产负债表的"期末余额"栏内相应的数字来填列。那么"期末余额"该如何填列呢？"填列方法"有哪些呢？具体详见图2-8。

资产负债表项目的排列

为了帮助报表使用者分析、解释和评价资产负债表所提供的信息，就需要对资产负债表中的项目进行分类排列。
根据《企业会计准则——财务报表列报》的规定：资产负债表中的资产按其流动性排列，即流动性强的在前，流动性弱的在后；负债按其偿还期限长短排列，即流动负债在前，非流动负债在后；所有者权益按其永久性递减的顺序排列，依次为实收资本、资本公积、盈余公积、未分配利润。

图 2-8　资产负债表项目的排列

　　由于企业某一特定日期的资产、负债、所有者权益的金额都是以各自对应的科目余额来表示的，因此作为总括反映企业资产、负债、所有者权益的资产负债表项目，原则上都可以根据有关总账的科目余额填列。资产负债表"期末余额"的填列方法主要有以下五种，详见图2-9。

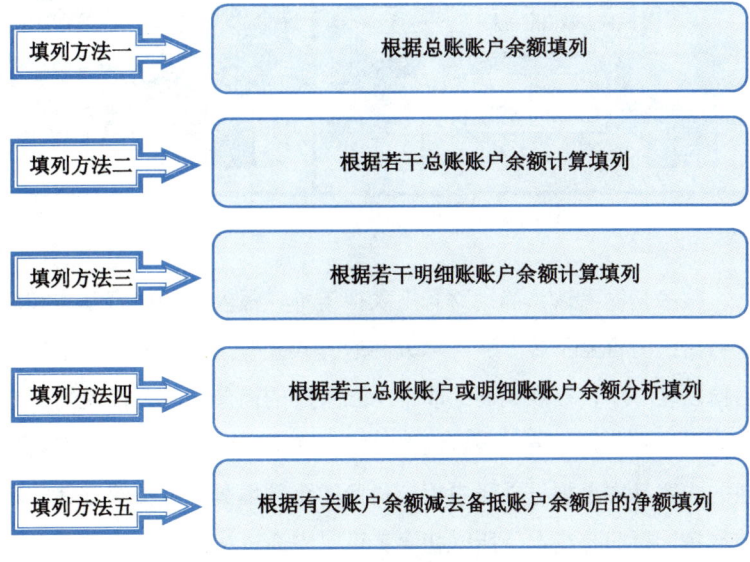

**图2-9 资产负债表"期末余额"的填列方法**

# 第四节 资产各项如何归位填列

很多初学者认为编制财务报表很简单，报表上的内容基本和总账科目的内容差不多。但实际编制的时候并非这么容易。故事中小白掉以轻心了，报表编制绝非是总账余额的简单誊写。而是需要根据科目内容分别对待。小胖说得没错，在资产负债表中，所有者权益的内容基本是根据总账中相应科目的余额填列，并不存在诸如减值准备、折旧等情况。所以初学者可以先通过报表中所有者权益栏与总账的余额进行对比，找到普通的规律，然后再深入资产、负债内容的填写。

资产负债表"年初余额"栏内各项数字，应根据上年年末资产负债表"期末余额"栏填列。如果上年度的资产负债表规定的各个项目的名称和内容同本年度不一致，应对上年度资产负债表各项目的名称和数字按照本年度的规定进行调整，然后再填入本期资产负债表的"年初余额"栏。

资产负债表"期末余额"栏内各项数字，应当根据资产负债表"期末余额"填制方法进行，具体内容看下面的内容。

## 流动资产的填列

说到"流动资产"时，我们经常会把"流动资产"与"流动资金"混淆，那它们两个之间到底如何区别呢？具体详见图2-10。

流动资金是企业在生产经营过程中占用在流动资产上的资金，具有周转期短，形态易变的特点。其是随时都能拿出来的、短期内可周转的企业财产。

区别

流动资产是指企业可以在一年或者越过一年的一个营业周期内变现或者运用的资产，是企业资产中必不可少的组成部分，包括：货币资金、短期投资、应收票据、应收股利、应收利息、应收账款、其他应收款、预付账款、存货、一年内到期的非流动资产。

简单地理解，就是说流动资产的范围比流动资金大，流动资金是流动资产中的一部分。

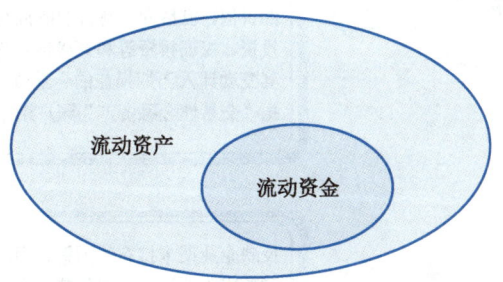

**图 2-10　流动资产与速动资产的区别**

了解了流动资产与流动资金的区别之后，我们接下来学习一下资产负债表中的流动资产的填列方法，流动资产有哪些资产构成呢？具体详见图 2-11。

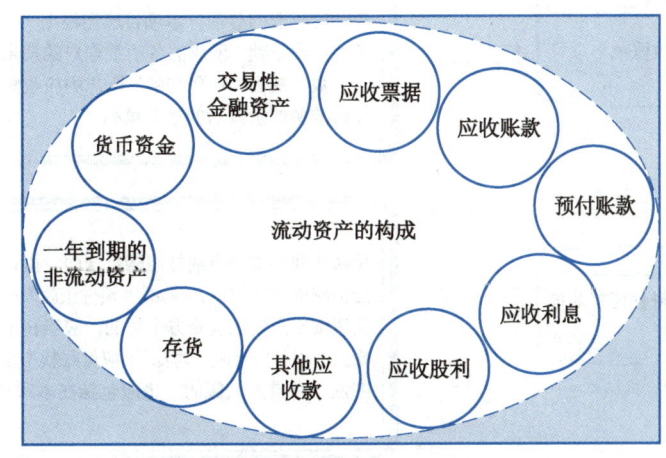

**图 2-11　流动资产的构成**

接下来，我们学习流动资产的填列方法，详见图 2-12 和图 2-14。

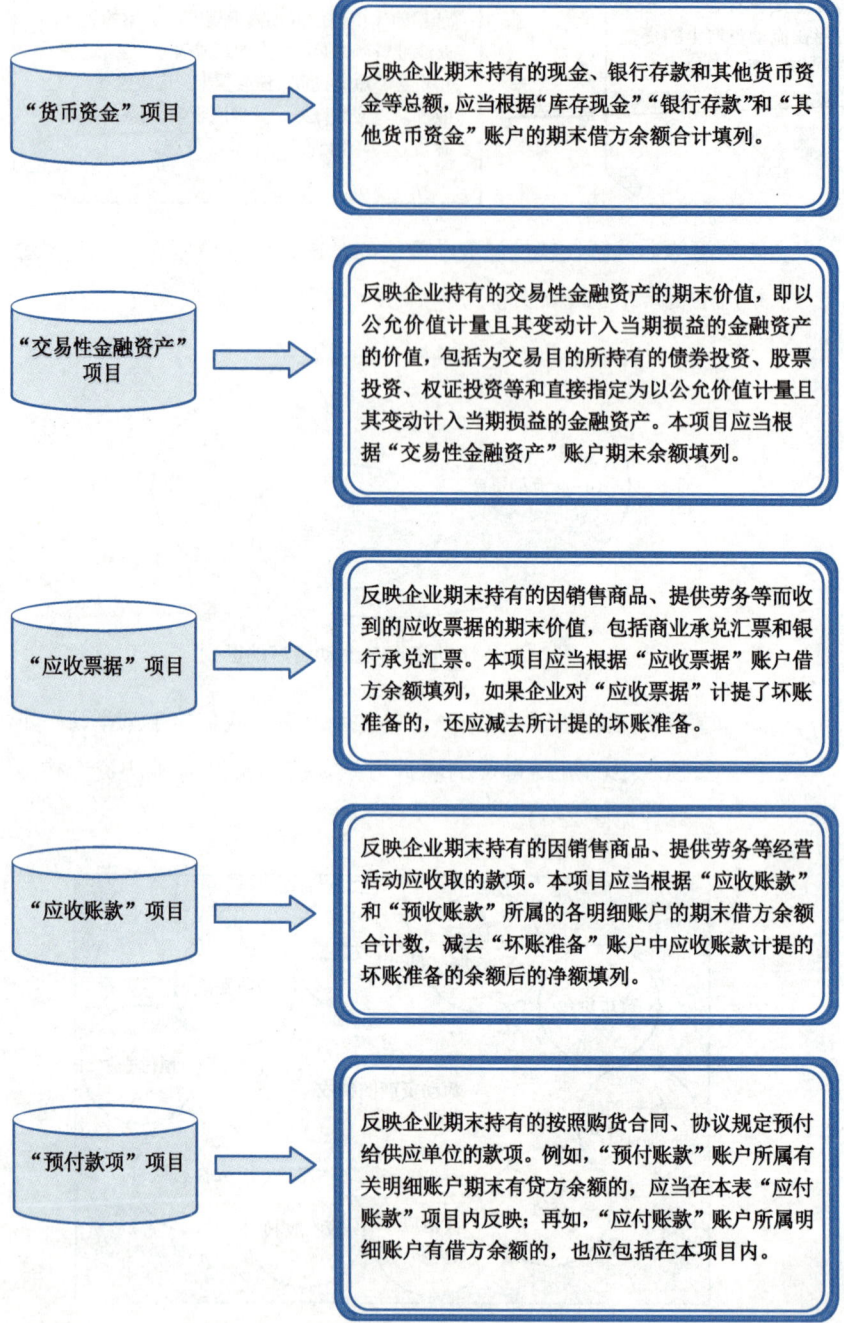

图 2-12　流动资产的填列方法（一）

大家在编制资产负债表，填写"应收账款""预付账款""应付账款""预收账款"这四个项目时，经常会混淆不清，在这里特别总结了以下四个公式来带领大家更好地区分、掌握对应明细账户的借方或者贷方余额，如图 2-13 所示（假定不考虑坏账准备）。

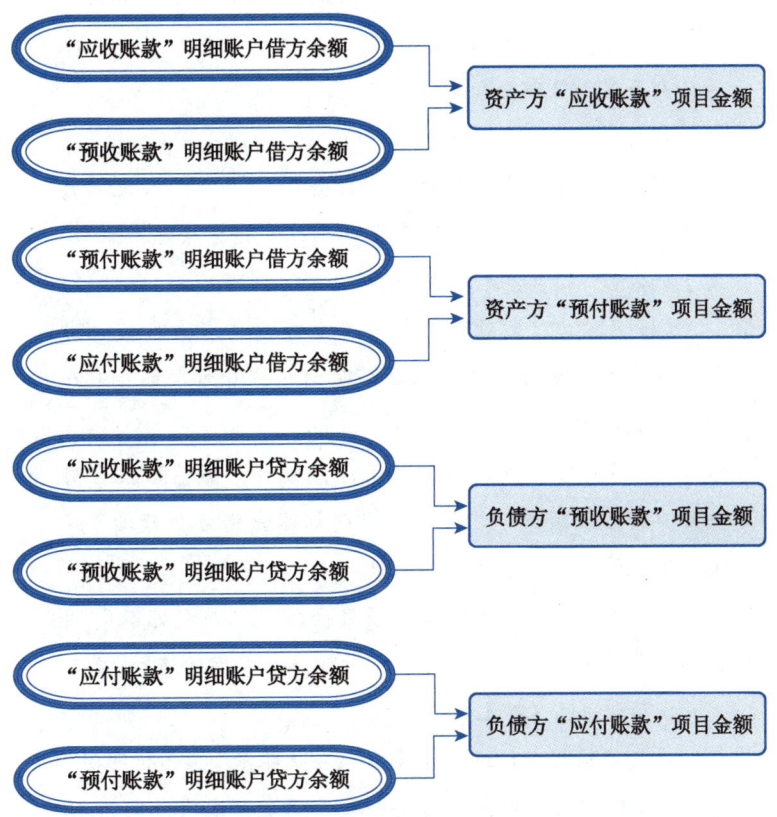

图 2-13　资产负债表四个项目对应明细账户的借方或贷方余额

深记忆，记口诀：
两收合一收，借贷分开走。
两付合一付，各走各的路。

**举例理解**

下面，给大家举例如下

某企业设置了"应收账款""应付账款""预付账款""预收账款"账户。其中"应收账款"账户中有两个明细账户，余额分别是借方 10 万元和贷方 2 万元；"应付账款"账户的两个明细账户，余额分别是借方 3 万元和贷方 10 万元；"预收账款"账户的两个明细账户，余额分别是借方 3 万元和贷方 4 万元；"预付账款"账户的两个明细账户，余额分别是借方 2 万元和贷方 5 万元。

解析：

（1）资产方"应收账款"项目金额＝"应收账款"明细账户借方余额＋"预收账款"明细账户借方余额＝10 万元＋3 万元＝13（万元）。

（2）负债方"预收账款"项目金额＝"应收账款"明细账户贷方余额＋"预收账款"明细账户贷方余额＝4 万元＋2 万元＝6（万元）。

（3）资产方"预付账款"项目金额＝"预付账款"明细账户借方余额＋"应付账款"明细账户借方余额＝2 万元＋3 万元＝5（万元）。

（4）负债方"应付账款"项目金额＝"应付账款"明细账户贷方余额＋"预付账款"明细账户贷方余额＝10 万元＋5 万元＝15（万元）。

也可以根据口诀迅速计算出"应收账款""预付账款""应付账款""预收账款"这四个项目的金额依次分别为 13 万元、5 万元、15 万元和 6 万元。

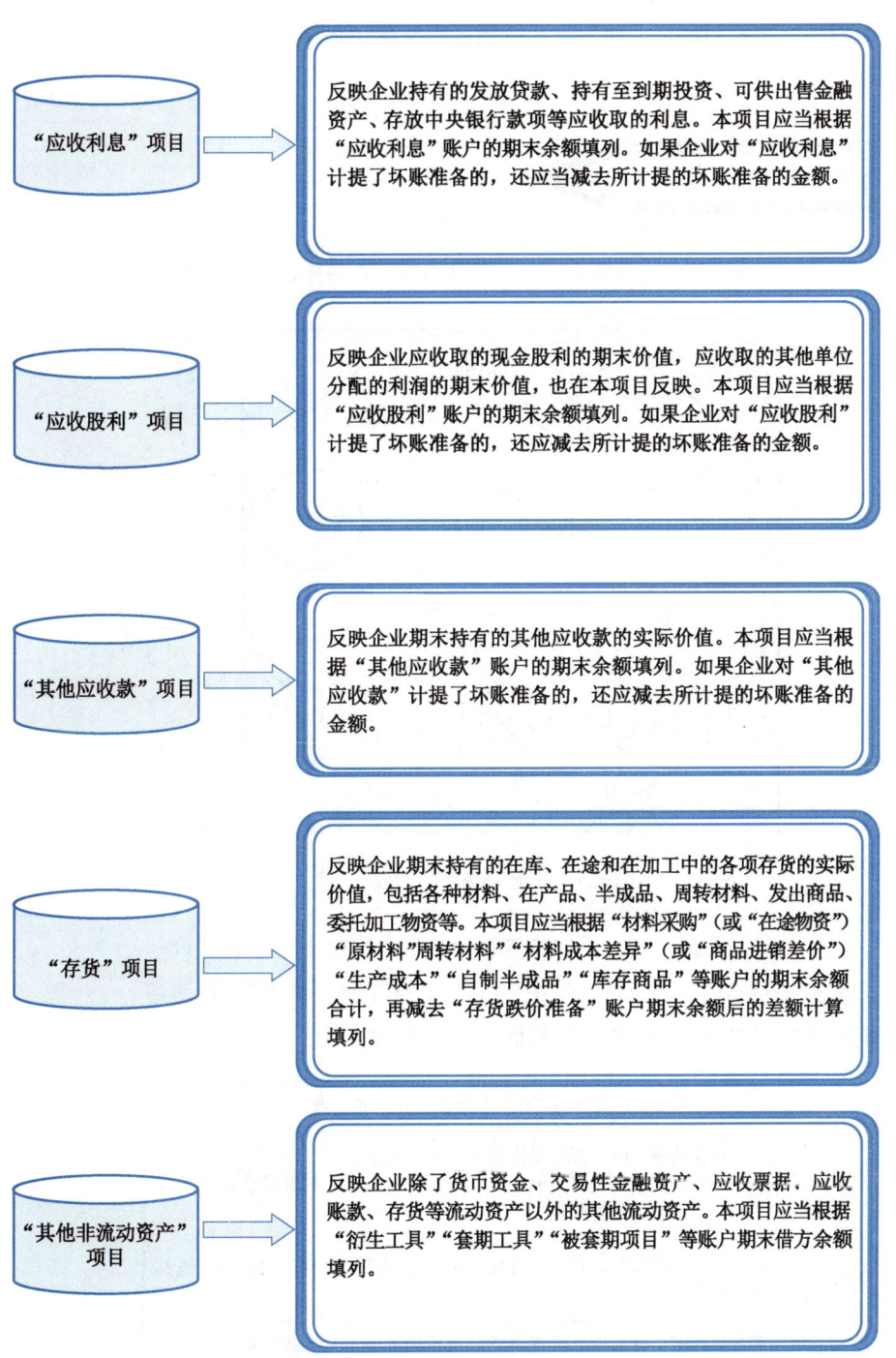

图2-14 流动资产的填列方法（二）

**"应收利息"项目**

反映企业持有的发放贷款、持有至到期投资、可供出售金融资产、存放中央银行款项等应收取的利息。本项目应当根据"应收利息"账户的期末余额填列。如果企业对"应收利息"计提了坏账准备的，还应当减去所计提的坏账准备的金额。

**"应收股利"项目**

反映企业应收取的现金股利的期末价值，应收取的其他单位分配的利润的期末价值，也在本项目反映。本项目应当根据"应收股利"账户的期末余额填列。如果企业对"应收股利"计提了坏账准备的，还应减去所计提的坏账准备的金额。

**"其他应收款"项目**

反映企业期末持有的其他应收款的实际价值。本项目应当根据"其他应收款"账户的期末余额填列。如果企业对"其他应收款"计提了坏账准备的，还应减去所计提的坏账准备的金额。

**"存货"项目**

反映企业期末持有的在库、在途和在加工中的各项存货的实际价值，包括各种材料、在产品、半成品、周转材料、发出商品、委托加工物资等。本项目应当根据"材料采购"（或"在途物资"）"原材料""周转材料""材料成本差异"（或"商品进销差价"）"生产成本""自制半成品""库存商品"等账户的期末余额合计，再减去"存货跌价准备"账户期末余额后的差额计算填列。

**"其他非流动资产"项目**

反映企业除了货币资金、交易性金融资产、应收票据、应收账款、存货等流动资产以外的其他流动资产。本项目应当根据"衍生工具""套期工具""被套期项目"等账户期末借方余额填列。

学完流动资产的填列方法，那非流动资产又是如何填列的呢？下面我们来看一看。

## 非流动资产的填列

让我们先了解一下非流动资产的构成有哪些？具体详见图2-15。

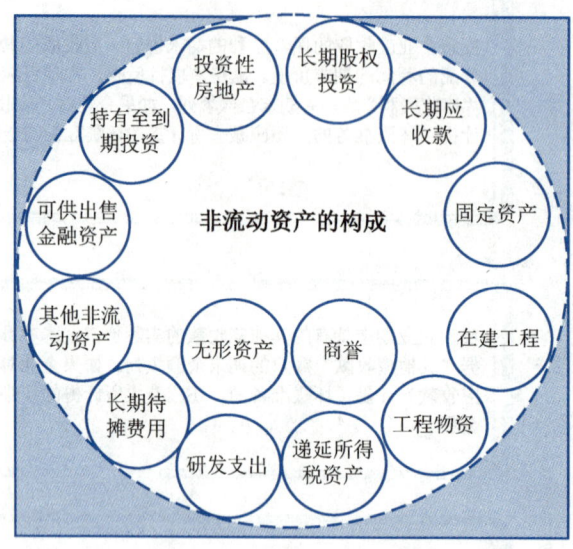

**图2-15　非流动资产的构成**

在讲非流动资产时，我们首先讲到的是"可供出售金融资产"，之前在讲到流动资产时，我们提到了"交易性金融资产"，那两者究竟有啥相同点与不同点呢？具体详见图2-16。

| 交易性金融资产与可供出售金融资产的相同点 | |
|---|---|
| 初始计量 | （1）在初始确认时，都是按公允价值进行计量。<br>（2）初始入账价值，都不包含已到期但尚未领取的利息或已宣告发放但领取的现金股利。 |
| 后续计量 | 都是根据资产负债表日公允价值计量，即根据公允价值的变动调整其账面价值。 |
| 处置时 | 都将取得的价款与该金融资产的账面价值的差额计入投资收益；同时将原来由于公允价值变动累计额转出为投资收益。 |

| 交易性金融资产与可供出售金融资产的不同点 | | |
|---|---|---|
| 初始计量 | 交易费用的处理不同 | 交易性金融资产在取得时发生的交易费用应当直接计入当期损益；可供出售金融资产在取得时发生的交易费用应作为初始入账金额。 |
| 后续计量 | 公允价值变动处理 | 交易性金融资产将其公允价值变动形成的利得和损失直接计入当期损益；可供出售金融资产将其公允价值变动形成的利得和损失，除减值损失外，计入资本公积（其他资本公积）。 |
| | 资产发生减值时的处理 | 交易性金融资产不需要计提减值准备，主要是因为其公允价值变动已计入当期损益；而可供出售金融资产，在资产负债表日发生较大幅度的下降或下降趋势为非暂时性的，应确认其发生了减值。可供出售债务工具的减值损失可以在以后会计期间通过损益转回，但权益工具不得通过损益转回。 |
| 处置时 | | 企业在出售交易性金融资产时应当将原来由于公允价值变动计入当期损益的部分转入投资收益；出售可供出售金融资产，需要将之前公允价值变动计入所有者权益的资本公积（其他资本公积）对应转出为投资收益。 |

**图 2-16　交易性金融资产与可供出售金融资产的联系与区别**

那"非流动资产"项目到底该如何填列呢？具体详见图 2-17和图 2-18。

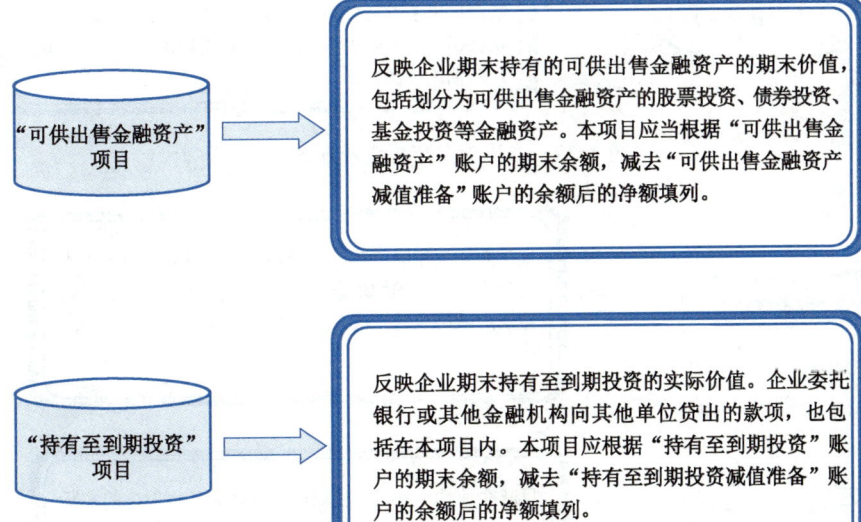

（续图）

"长期应收款"
项目

反映企业融资租赁产生的应收款项和采用递延方式具有融资性质的销售商品和提供劳务等产生的长期应收款项。本项目应当根据"长期应收款"账户的期末余额，减去未实现融资收益"账户的期末余额，减去长期应收款所计提的坏账准备的金额后净额填列。

"长期股权投资"
项目

反映企业期末持有的长期股权投资的实际价值。本项目根据"长期股权投资"的期末余额，减去"长期股权投资减值准备"账户的余额后的净额填列。

"投资性房地产"
项目

反映企业期末持有的投资性房地产的实际价值。企业采用成本模式计量投资性房地产的，本项目应当根据"投资性房地产"账户的期末余额，减去"投资性房地产累计折旧（摊销）"和"投资性房地产减值准备"账户期末余额后填列；企业采用公允价值模式计量投资性房地产的，本项目应当根据"投资性房地产"账户的期末余额填列。

图 2-17　非流动资产的填列方法（一）

"固定资产"
项目

反映企业期末固定资产的净额。本项目应当根据"固定资产"账户的期末余额，减去"累计折旧"和"固定资产减值准备"账户的余额后的净额填列。

"在建工程"
项目

反映企业期末基建、更新改造等在建工程发生的实际支出。本项目应当根据"在建工程"账户的期末余额填列。如果企业在建工程计提了减值准备的，还应当减去"在建工程减值准备"账户的余额。

（续图）

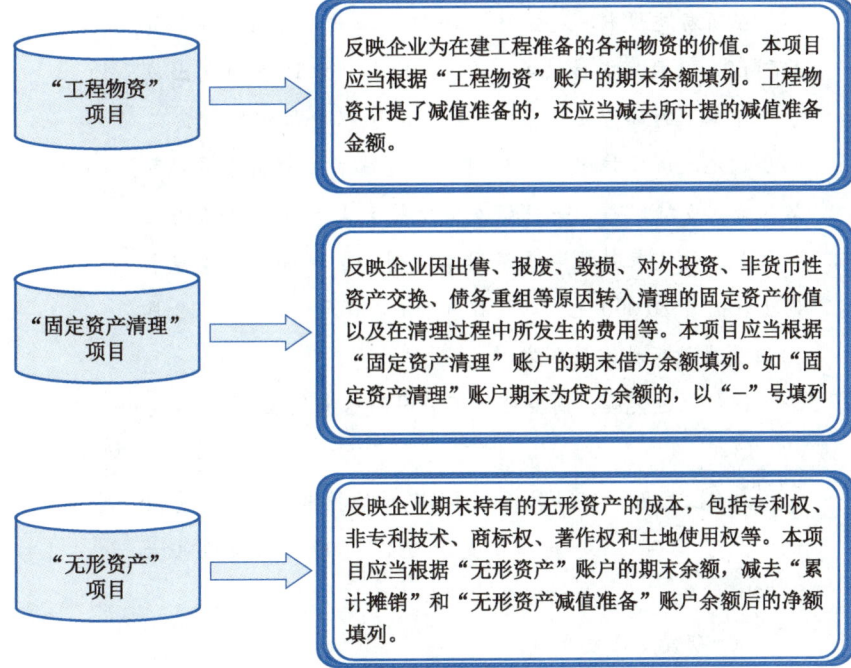

图 2-18　非流动资产的填列方法（二）

　　是不是有的时候大家也容易将"研发支出"与"开发支出"项目混淆呢？那接下来我们就看一下"开发支出"项目如何填列？具体详见图 2-19。

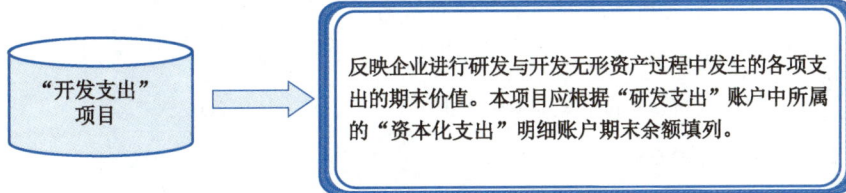

　　　　下面，给大家举例如下：
　　　　甲公司因生产产品需要，于 2017 年 8 月 1 日打算自行进行一项技术的研究开发。该项研发获得了董事会的批准。

（续图）

在研发过程中，发生材料费100 000元，应付研发人员薪酬60 000元，支付设备租金5 000元。上述各项支出应予以资本化的部分是120 000元，应予以费用化的部分是45 000元。该项技术无论从财力还是技术上都能够得到可靠的资源支持，并且一旦研发成功将会大大降低产品的生产成本。该技术成功申请了国家专利，在申请专利过程中发生注册费20 000元、聘请律师费6 000元。2017年12月20日完成该项技术的研发。

针对上述案例，简要分析甲公司的账务处理。

解析：

由以上案例，可得甲公司进行的该项技术的研发，费用化支出为45 000元，资本化支出为146 000元（120 000＋20 000＋6 000），具体的账务处理如下：

（1）研发支出发生时。

借：研发支出——费用化支出　　　　　45 000

　　　　　——资本化支出　　　　　146 000

　贷：原材料　　　　　　　　　　　　100 000

　　　应付职工薪酬　　　　　　　　　60 000

　　　银行存款　　　　　　　　　　　5 000

（2）研发项目达到预定可使用状态时。

借：无形资产　　　　　　　　　　　　146 000

　贷：研发支出——资本化支出　　　　146 000

借：管理费用　　　　　　　　　　　　45 000

　贷：研发支出——费用化支出　　　　45 000

（3）假定2018年12月31日，该项研发尚未完成，则在编制资产负债表时，"开发支出"应当根据"研发支出"账户中所属的"资本化支出"明细账户期末余额146 000元填列。

图2-19　"开发支出"项目的填列及案例

说到"商誉",我们平时接触得比较少，也容易出错，接下来就让我们了解一下关于"商誉"是如何填列的？具体详见图2-20。

 "商誉"项目

本项目反映企业合并中形成的商誉的期末价值。本项目可以根据"商誉"账户的期末余额填列。如果企业对商誉计提了减值的，还应当减去"商誉减值准备"账户的余额。

商誉是指能在未来期间为企业经营带来超额利润的潜在经济价值，或一家企业预期的获利能力超过可辨认资产正常获利能力（如社会平均投资回报率）的资本化价值。商誉是企业整体价值的组成部分。在企业合并时，它是购买企业投资成本超过被合并企业净资产公允价值的差额。

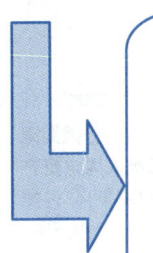

简单地理解：商誉就好比是一个人的信誉、声誉。我们看不见，也摸不着，它无法脱离人而存在，也无法辨认。同理，商誉脱离了企业就没有任何意义了，它既不是有形资产，也不是无形资产。

那商誉在什么时候产生呢？只有非同一控制下的企业合并的时候才会出现，平时不会体现。举个例子：就是指人家在收购你的公司付钱的时候，给的钱大于你的企业净资产的那一部分。人家为啥要多给你呢？就是因为人家觉得你这个公司有潜力，有口碑，虽然公司没啥钱了，但是你的公司往那一摆，人家都知道，愿意和你做交易，这就体现了商誉的价值。

图2-20　"商誉"项目的填列

下面，通过案例来帮助大家理解。

2017年3月1日，甲公司向乙公司的股东定向增发10 000股普通股，每股面值1元，公允价值为每股6元，对乙公司进行了控股合并。购买日，乙公司可辨认净资产的公允价值为85 000元。甲公司占乙公司表决权资本的比

（续上）

例为 70％。此外，甲公司为企业合并发生的审计、法律服务、评估咨询费用为 30 000 元，以银行存款支付。假定甲公司与各方之间不存在关联方关系。

（1）本案例中，甲公司在购买日的合并成本为多少元？

合并成本为"对价的公允价；即 6 元÷股×10 000 股＝60 000（元）。

（2）购买日，合并财务报表中是否应当确认商誉？确认的话，金额是多少元？

合并成本－取得购买方可辨认净资产份额＝60 000－85 000×70％＝500（元）

所以合并财务报表中应该确认 500 元的商誉。

"长期待摊费用"项目大家会填列吗？具体详见图 2-21。

"长期待摊费用"项目

反映企业已经发生但应由本期和以后各期负担的分摊期限在1年以上的各项费用，如以经营租赁方式租入固定资产发生的改良支出。"长期待摊费用"账户中将于1年内摊销的部分，应在"1年内到期的非流动资产"项目中反映。本项目应当根据"长期待摊费用"账户的期末余额减去将于1年（含1年）摊销的数额后的金额填列。

下面，给大家举例如下。

乙企业因生产经营管理需要，以经营租赁的方式租入一台设备。2017 年 1 月 1 日，对经营租入设备进行大修理，经核算共发生大修理支出 30 000 元，修理间隔期为 5 年。填制会计分录如下：

（1）2017 年 1 月 1 日，发生修理支出时。

借：长期待摊费用——大修理支出　　　30 000

　　贷：银行存款　　　　　　　　　　　　　30 000

（2）上述大修理费用按修理间隔期5年平均摊销，每年摊销6 000元。2017年12月31日，账务处理如下。

借：管理费用　　　　　　　　　　　　6 000

　　贷：长期待摊费用——大修理支出　　　6 000

（3）在2017年2月28日编制资产负债表时，"长期待摊费用"应填列的金额为24 000元。

**图2-21　"长期待摊费用"项目的填列及案例**

在填列资产项目的时候，也会和"税务"碰面的，那就是"递延所得税资产"项目，它的填列方法详见图2-22。

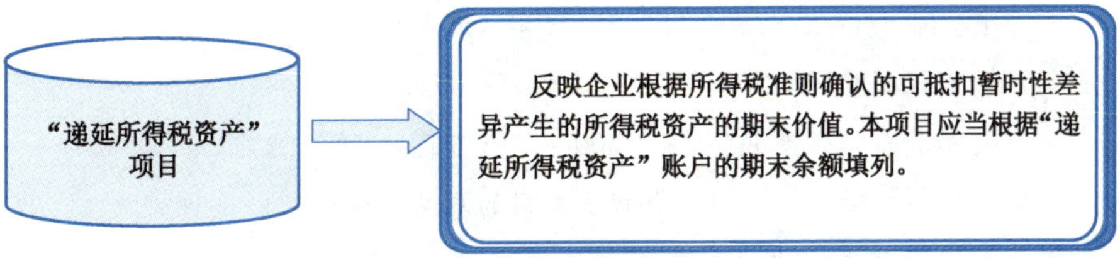

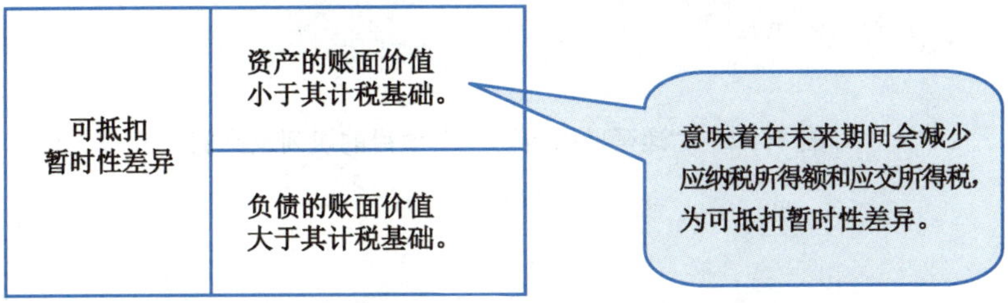

企业在确认相关资产、负债的时候，根据所得税准则的相关规定，确认递延所得税资产。

企业在对递延所得税资产进行账务处理时，程序如下：

（1）确定产生暂时性差异的项目。

（2）计算资产或负债的账面价值及计税基础。

(3) 计算可抵扣暂时性差异的期末余额：

"递延所得税资产"期末余额＝可抵扣暂时性差异的期末金额×未来转回时的所得税税率

(4) 计算"递延所得税资产"账户的发生额：

"递延所得税资产"账户发生额＝期末余额－期初余额

下面，给大家举例如下。

甲公司适用的所得税税率为 25%。有关资料如下：①2016 年年末，以 750 万元购入一项固定资产，甲公司在会计核算时估计其使用寿命为 5 年。②按照适用税法规定，按照 10 年计算确定可税前扣除的折旧额。③假定会计与税法均按年限平均法计提折旧，净残值均为 0。请问甲公司 2017 年年末"递延所得税资产"余额是多少元？

解析：

资产账面价值＝750－750÷5＝600（万元）

资产计税基础＝750－750÷10＝675（万元）

可抵扣暂时性差异＝675－600＝75（万元）（在未来期间会减少公司的应纳税所得额）

2017 年年末，"递延所得税资产"余额＝75×25%＝18.75（万元）。

图 2-22    "递延所得税资产"项目的填列及案例

# 第五节    负债各项目具体的"填列方法"有哪些

公司所需的资金，除了由股东提供的，也可向银行或其他金融

机构借贷资金，这些资金有一定的利息与本金偿还期限，这就是"负债"。负债是指企业过去的交易或者事项形成的、预期会导致经济利益流出企业的现时义务。

简单地说，负债实质上是企业在一定时期之后必须偿还的经济债务，其偿还期或具体金额在它们发生或成立之时就已由合同、法规所规定与制约，是企业必须履行的一种义务。

负债根据偿还期限的长短，可以分为：流动负债与非流动负债。流动负债是指将在1年或者长于1年的一个营业周期内偿付的债务，包括短期借款、交易性金融负债、应付票据、应付账款、预收货款、应付工资、应交税费、其他应付款等。

接下来，我们讲解关于资产负债表中，"流动负债"项目的具体填列方法，详见图2-23至图2-27。

流动负债的填列

"短期借款"项目 ➤ 反映企业向银行或其他金融机构等借入的期限在一年以下（含一年）的各种借款。本项目应当根据"短期借款"账户的期末余额填列。

"交易性金融负债"项目 ➤ 反映企业承担的交易性金融负债的公允价值和企业持有的直接指定为以公允价值计量且其变动计入当期损益的金融负债。

"应付票据"项目 ➤ 反映企业购买原材料、商品和接受劳务供应等而开出、承兑的商业汇票，包括银行承兑汇票和商业承兑汇票。本项目应当根据"应付票据"账户的期末余额填列。

图 2-23　"流动负债"项目的填列（一）

"应付账款"项目 ➤ 反映企业购买原材料、商品和接受劳务供应等经营活动应支付的款项。本项目应当根据"应付账款"和"预付账款"账户所属明细账户的期末贷方余额合计填列。如果"应付账款"账户所属明细账户有借方余额的，应在"预付账款"项目中填列。

"预收款项"项目 ➤ 反映企业按照合同规定向购货单位预收的款项。本项目应当根据"预收账款"和"应收账款"账户所属各明细账户的期末贷方余额合计数填列。如"预收账款"账户所属明细账户有借方余额的，应在"应收账款"项目内填列。

（续图）

注：相关的例题在资产项目的填列方法中已举例讲解！

"应付职工薪酬"项目

反映企业根据有关规定应付给职工的各种薪酬。外商投资企业按规定从净利润中提取的职工奖励及福利基金，也在本项目反映。本项目应当根据"应付职工薪酬"账户的期末贷方余额填列。如果"应付职工薪酬"账户有借方余额的，则以"－"号填列。

图 2-24 "流动负债"项目的填列（二）

职工薪酬是指企业为获得职工提供的服务而给予的各种形式的报酬以及其他相关支出。职工薪酬既包括提供给职工本人的薪酬，也包括提供给职工配偶、子女或其他被赡养人的福利。

根据《企业会计准则》的规定，职工薪酬包括以下内容，详见图 2-25。

职工工资、奖金、津贴和补贴是指按照国家有关规定构成工资总额的计件工资、计时工资、支付给职工的超额劳动报酬、为了补偿职工特殊或额外的劳动消耗和因其他特殊原因支付给职工的津贴等。

职工福利费是指企业为职工提供的福利，如为补助职工食堂、救济生活困难职工等从成本费用中提取的金额。

社会保险是指企业按照国家规定的基准和比例计算的，向社会保险经办机构缴纳的医疗保险、养老保险、失业保险、工伤保险和生育保险；以及向企业年金基金相关管理人缴纳的补充养老保险等

住房公积金是指企业按照国家《住房公积金管理条例》规定的基准和比例计算，向住房公积金管理机构缴存的住房公积金。

| 职工工资、奖金、津贴和补贴 | 职工福利费 | 社会保险费 | 住房公积金 |

（续图）

职工薪酬的范畴

| 工会经费和职工教育经费 | 非货币性福利 | 因解除与职工的劳动关系给予的补偿 | 其他与获得职工提供的服务相关的支出 |
|---|---|---|---|
| 工会经费是指按照国家规定由企业负担的用于工会活动方面的经费。职工教育经费是指按照国家规定由企业负担的用于职工教育及职业技能培训等方面的经费。 | 非货币性福利是指企业以非货币性资产支付给职工的薪酬，主要包括企业以自己的产品或外购的商品发放给职工作为福利，将自己拥有的资产或者租赁资产提供给职工无偿使用，免费为职工提供类似医疗保健服务等。 | 这也叫辞退福利，是指由于企业重组、改组计划等原因，企业在职工劳动合同尚未到期之前解除与职工的劳动关系，或者为了鼓励职工自愿接受裁减而提出补偿建议的计划中给予职工的经济补偿。 | 其他与获得职工提供的服务相关的支出是指除了上述薪酬以外的其他为获得职工提供的服务相关的支出，如企业提供给职工的以权益结算的认股权等。 |

图 2-25 职工薪酬的范畴

下面，给大家举例如下

1. 关于非货币性福利的理解

A企业是一家小家电生产企业，有职工200人。其中，170人为生产工人，直接参加生产；30人为管理人员。五一劳动节，为奖励职工，A企业决定将电暖气作为福利发放给每位职工。电暖气每台成本900元，市价为每台1 000元，A企业适用的增值税税率为17%。

解析：

（1）A企业决定发放非货币性福利时，账务处理如下。

借：生产成本 [1 000×170×（1+17%）]    198 900

   管理费用 [1 000×30×（1+17%）]    35 100

   贷：应付职工薪酬——非货币性福利    234 000

（2）A企业发放非货币性福利时，账务处理如下。

借：应付职工薪酬——非货币性福利　　　　　234 000

　　贷：主营业务收入　　　　　　　　　　　　　200 000

　　　　应交税费——应交增值税（销项税额）　　34 000

借：主营业务成本　　　　　　　　　　　　　180 000

　　贷：库存商品　　　　　　　　　　　　　　180 000

2. 关于因解除与职工的劳动关系给予的补偿

甲公司为一家电视机制造企业，2017 年 6 月，为了能够顺利实施转产，该公司管理层制定了一项重组计划。该计划规定，从 2018 年 1 月 1 日起，企业将以职工自愿方式，辞退其平面直角系列彩电生产车间的职工。辞退计划的详细内容，包括拟辞退的职工所在部门、数量、各级别职工能够获得的补偿以及计划大体实施的时间等均已与职工沟通，并达成一致意见，辞退计划已于当年 12 月 15 日经董事会正式批准，辞退计划于下一个年度内实施完毕。愿意接受辞退的职工为 50 人，预计补偿总额为 700 万元。

解析：

甲公司应做账务处理如下：

借：管理费用　　　　　　　　　　　　　7 000 000

　　贷：应付职工薪酬——辞退福利　　　　7 000 000

也许大家会有疑问，为什么辞退福利要计入"管理费用"呢？

这是因为：被辞退的职工不能再给企业带来任何经济利益，也就不再遵循"谁受益谁负担"原则，不区分哪个部门，一律计入"管理费用"，而不是计入相关资产的成本。

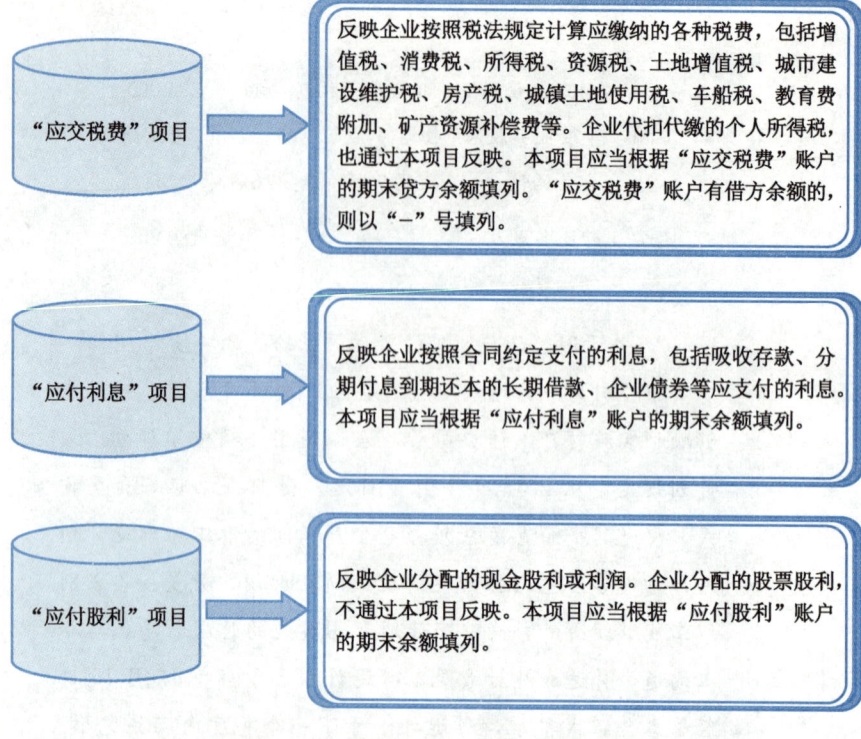

图 2-26　"流动负债"项目的填列（三）

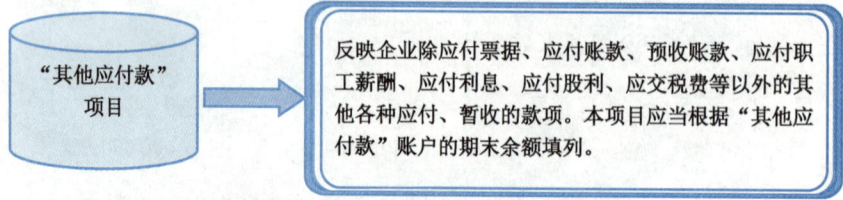

图 2-27　"流动负债"项目的填列（四）

　　"其他应付款"用来核算其他各种应付、暂收的款项，如应付经营租赁租入固定资产的租金、其他单位因使用本企业的资产而支付的保证金等。

　　下面给大家举例如下。

　　甲公司于 2017 年 9 月 1 日出租包装箱给乙公司并收到

其押金 10 000 元存入银行。12 月 31 日，收到乙公司退还的包装箱，并退回乙公司押金 10 000 元。

解析：账务处理如下。

（1）收到押金时。

借：银行存款　　　　　　　　　　　　　　10 000

　贷：其他应付款——乙公司　　　　　　　　　10 000

（2）退回押金时。

借：其他应付款——乙公司　　　　　　　　10 000

　贷：银行存款　　　　　　　　　　　　　　10 000

"非流动负债"项目的具体填列方法，详见图 2-28。

### 非流动负债的填列

"长期借款"项目 → 反映企业向银行或其他金融机构借入的期限在一年以上（不含一年）的各项借款。本项目应当根据"长期借款"账户的期末余额减去将于一年内到期偿还金额后的余额填列。

"应付债券"项目 → 反映企业为筹集长期资金而发行的债券本金和利息。发行一年期及一年期以内的短期债券，在"交易性金融负债"项目反映，不在本项目反映。本项目应当根据"应付债券"账户的期末余额减去将于一年内到期偿还金额后的余额填列。

"长期应付款"项目 → 反映企业除长期借款和企业债券以外的其他各种长期应付款，包括应付租入固定资产的融资租赁费、以分期付款方式购入固定资产等发生的应付款项等。本项目应根据"长期应付款"账户期末余额，减去"未确认融资费用"账户期末余额后的金额填列。长期应付款中将于一年内到期的部分，在"一年内到期的非流动负债"项目反映。

（续图）

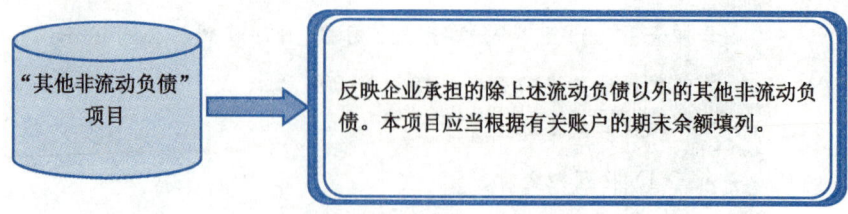

图 2-28  "非流动负债"项目的填列（一）

在填列资产项目的时候，我们碰到了"递延所得税资产"，那现在我们来和"递延所得税负债"打声招呼吧……

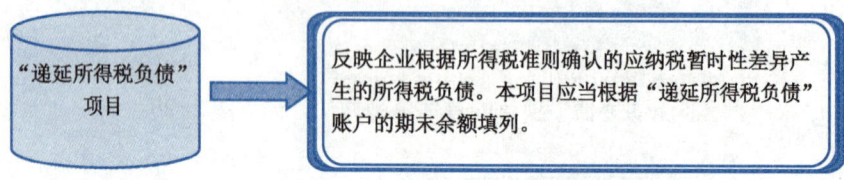

图 2-29  "递延所得税负债"项目的填列

下面，给大家举例如下。

A 公司适用的所得税税率为 25%。有关资料如下：

（1）2016 年 12 月 26 日取得的某项固定资产，原价为 750 万元，使用年限为 10 年，会计采用年限平均法计提折旧，净残值为零。

（2）税法规定，使用年限 10 年，该固定资产应采用双倍余额递减法计提折旧，净残值为零。

请问在编制 2017 年 12 月 31 日的资产负债表时，"递延所得税负债的期末余额为多少元？

解析：

2017 年 12 月 31 日：

固定资产的账面价值＝750－750÷10＝675（万元）

固定资产计税基础＝750－750×2÷10＝600（万元）

（续上）

应纳税暂时性差异＝675－600＝75（万元）（将于未来
期间计入公司的应纳税所得额）

2017 年年末，"递延所得税负债"余额＝75×25％＝
18.75（万元）。

"预计负债"
项目

反映企业根据或有事项等相关准则确认的各项预计负债，包括对外提供担保、未决诉讼、产品质量保证、重组义务、亏损性合同等预计负债。本项目应当根据"预计负债"账户的期末余额填列。

说到"预计负债"的时候，大家都会想到"或有负债"，我们很容易将两者混淆，那到底怎样确认是"预计负债"还是"或有负债"呢？

《企业会计准则——或有事项》将或有负债定义为两种义务：一种是因过去事项而产生的潜在义务，其存在仅通过不完全由企业控制的一个或多个不确定未来事项的发生或不发生予以证实；另一种是因过去事项而产生，但未予确认的现时义务，之所以没有确认，是因为结算该义务可能不要求含经济利益的资源流出企业，或该义务的金额不能可靠地予以计量。

预计负债的定义完全满足负债的两个基本条件：一是因过去事项而形成的现时义务；二是结算该义务时预期会有经济资源流出企业，是真正意义上的负债。尽管预计负债在金额上不确定，但可以进行合理估计。因此，预计负债能够在财务报表中得以确认。

图 2-30　"预计负债"项目的填列及"或有负债"的定义

下面，给大家举例如下。

### 1. 因未决诉讼形成的或有负债

企业作为被告（或当事人）方，在法院判决结果公布以前，构成一项潜在的义务。这是典型的或有负债。未决诉讼引起的损失及负债，往往对企业威胁很大，要特别引起注意！

### 2. 因计提产品保修确认的预计负债

甲公司为生产和销售洗衣机的企业。甲公司适用的所得税税率为25%，2017年税前会计利润为10万元。按照税法的规定，与产品售后服务相关的费用在实际发生时允许税前扣除。2017年销售滚筒洗衣机250台，每台售价为2 000元。该公司对购买其产品的消费者承诺提供3年的保修服务。根据近年来的经验，发生的保修费通常占销售额的1%。在当年度利润表中确认了5 000元的销售费用，同时确认为预计负债，当年度未发生任何保修支出。

解析：

本例中，甲公司因销售洗衣机而承担了现时义务，该义务的履行很可能导致经济利益流出甲公司，且该义务的金额能够可靠地计量，则甲公司在2017年12月31日应确认一项负债。2017年确认的产品质量保证负债金额为5 000元（250×2 000×1%）。

借：销售费用——产品质量保证　　　　　　　　5 000

　　贷：预计负债——产品质量保证　　　　　　　5 000

再往深里来讲：

该预计负债账面价值＝5 000（元）

预计负债计税基础＝5 000－5 000＝0（在未来实际发生时，允许税前扣除）

可抵扣暂时性差异＝5 000（元）

（续上）

2017 年年末"递延所得税资产"余额＝5 000×25％＝1 250（元）

2017 年年末"递延所得税资产"发生额＝1 250（元）

2017 年所得税费用＝26 250－1 250＝25 000（元）

所以甲公司 2017 年年末应进行如下账务处理：

借：所得税费用　　　　　　　　　25 000

　　递延所得税资产　　　　　　　1 250

　　贷：应交税费——应交所得税　　　　　26 250

综上，甲公司在编制 2017 年 12 月 31 日的资产负债表时，"预计负债"填列金额为 5 000 元，"递延所得税资产"填列金额为 1 250 元（假定不考虑期初余额）。

那"预计负债"与"或有负债"到底有啥区别？详见图 2-31。

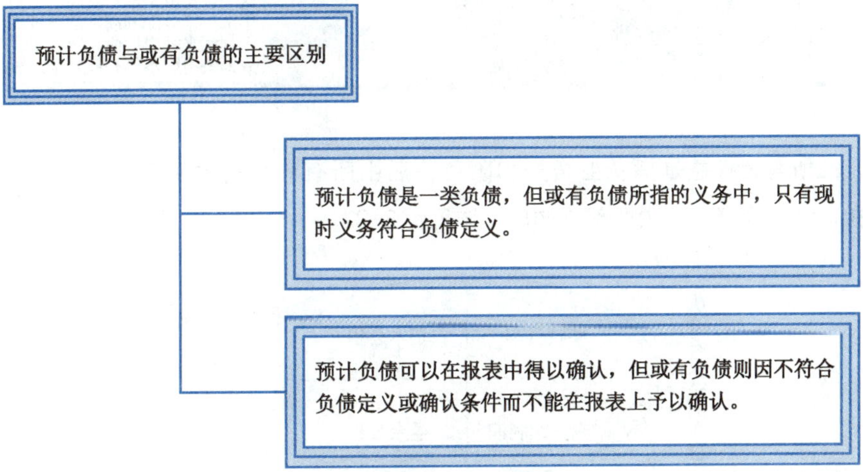

预计负债与或有负债的主要区别

预计负债是一类负债，但或有负债所指的义务中，只有现时义务符合负债定义。

预计负债可以在报表中得以确认，但或有负债则因不符合负债定义或确认条件而不能在报表上予以确认。

**图 2-31　"预计负债"与"或有负债"的区别**

# 第六节　所有者权益各项目的"填列方法"　是什么

　　所有者权益是指企业资产扣除负债后由所有者享有的剩余权益，又叫净资产，由四部分构成，详见图2-32。

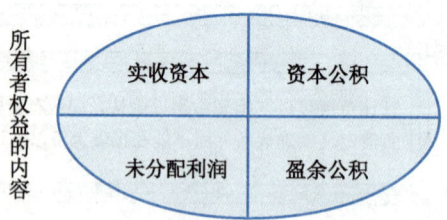

**图2-32　所有者权益的构成**

所有者权益的填列方法如图 2-33、图 2-34 和图 2-35。

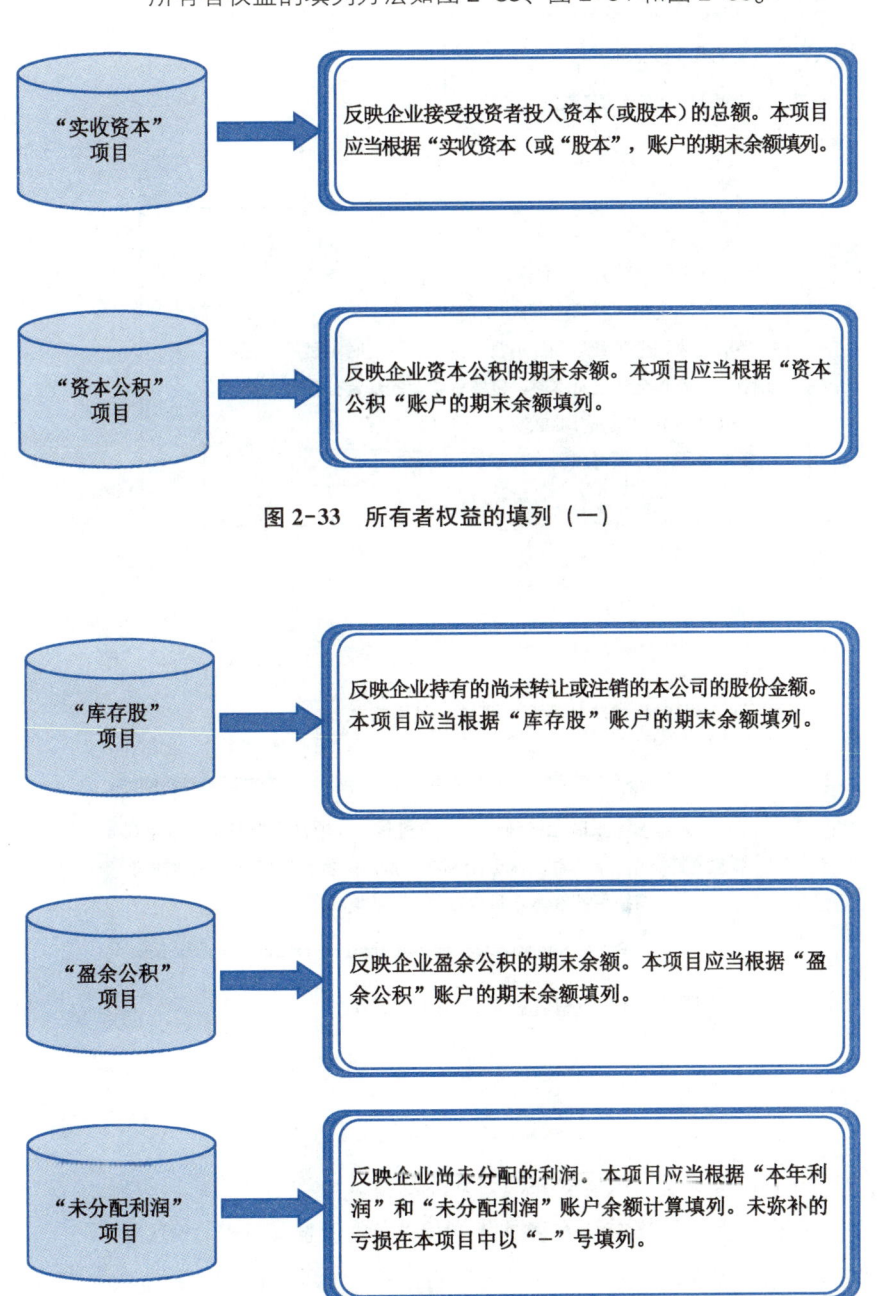

"实收资本"项目 → 反映企业接受投资者投入资本（或股本）的总额。本项目应当根据"实收资本（或"股本"，账户的期末余额填列。

"资本公积"项目 → 反映企业资本公积的期末余额。本项目应当根据"资本公积"账户的期末余额填列。

图 2-33　所有者权益的填列（一）

"库存股"项目 → 反映企业持有的尚未转让或注销的本公司的股份金额。本项目应当根据"库存股"账户的期末余额填列。

"盈余公积"项目 → 反映企业盈余公积的期末余额。本项目应当根据"盈余公积"账户的期末余额填列。

"未分配利润"项目 → 反映企业尚未分配的利润。本项目应当根据"本年利润"和"未分配利润"账户余额计算填列。未弥补的亏损在本项目中以"-"号填列。

图 2-34　所有者权益的填列（二）

关于公积金的几个要点知识

(1) 盈余公积金分为法定公积金和任意公积金。

(2) 法定公积金按照税后利润的10%提取。

(3) 当法定公积金累计达到注册资本的50%以上时可以不再提取。

(4) 用法定公积金转增资本时，转增后留存的法定公积金不得少于"转增前"公司注册资本的25%。

(5) 资本公积金，不得用于弥补亏损。

"未分配利润"项目

反映企业尚未分配的利润。本项目应当根据"本年利润"和"未分配利润"账户余额计算填列。未弥补的亏损在本项目中以"-"号填列。

图 2-35　所有者权益的填列（三）

　　综上，关于资产负债表编制的基本原理及各个项目的具体填列方法都介绍完了，下面为大家提供一张资产负债表（见表2-2），大家通过这张报表，对本节所学内容进行一个总体回顾，"温故而知新"，看到表中的每一个项目，就能马上联想到该项目应如何填列，并熟记于心！

表 2-2                          资 产 负 债 表

会企 01 表

编制单位：              年  月  日              单位：元

| 资　产 | 行次 | 年初数 | 期末数 | 负债和所有者权益（或股东权益） | 行次 | 年初数 | 期末数 |
|---|---|---|---|---|---|---|---|
| 流动资产： | | | | 流动负债： | | | |
| 货币资金 | 1 | | | 短期借款 | 35 | | |
| 交易性金融资产 | 2 | | | 交易性金融负债 | 36 | | |
| 应收票据 | 3 | | | 应付票据 | 37 | | |
| 应收账款 | 4 | | | 应付账款 | 38 | | |
| 预付账款 | 5 | | | 预收账款 | 39 | | |
| 应收利息 | 6 | | | 应付职工薪酬 | 40 | | |
| 应收股利 | 7 | | | 应交税费 | 41 | | |
| 其他应收款 | 8 | | | 应付利息 | 42 | | |
| 存货 | 9 | | | 其他应付款 | 43 | | |
| 一年内到期的非流动资产 | 10 | | | 其他流动负债 | 44 | | |
| 其他流动资产 | 11 | | | 流动负债合计 | 45 | | |
| 流动资产合计 | 12 | | | 非流动负债： | 46 | | |
| 非流动资产： | 13 | | | 长期借款 | 47 | | |
| 可供出售金融资产 | 14 | | | 应付债券 | 48 | | |
| 持有至到期投资 | 15 | | | 长期应付款 | 49 | | |
| 长期应收款 | 16 | | | 专项应付款 | 50 | | |
| 长期股权投资 | 17 | | | 预计负债 | 51 | | |
| 投资性房地产 | 18 | | | 递延所得税负债 | 52 | | |
| 固定资产 | 19 | | | 其他非流动负债 | 53 | | |
| 在建工程 | 20 | | | 负债合计 | 54 | | |

（续表）

| 资　产 | 行次 | 年初数 | 期末数 | 负债和所有者权益（或股东权益） | 行次 | 年初数 | 期末数 |
|---|---|---|---|---|---|---|---|
| 工程物资 | 21 | | | 所有者权益（或股东权益）： | 55 | | |
| 固定资产清理 | 22 | | | | | | |
| 生产性生物资产 | 23 | | | 实收资本（或股本） | 56 | | |
| 油气资产 | 24 | | | | | | |
| 无形资产 | 25 | | | 资本公积 | 57 | | |
| 开发支出 | 26 | | | 减：库存股 | 58 | | |
| 商誉 | 27 | | | 盈余公积 | 59 | | |
| 长期待摊费用 | 28 | | | | | | |
| 递延所得税资产 | 29 | | | 未分配利润 | 60 | | |
| 无形资产 | 30 | | | 所有者权益（或股东权益）合计 | 61 | | |
| 长期待摊费用 | 31 | | | | | | |
| 其他非流动资产 | 32 | | | | | | |
| 非流动资产合计 | 33 | | | 负债和所有者权益（或股东权益）合计 | 62 | | |
| 资产总计 | 34 | | | | | | |

企业负责人：　　主管会计：　　制表：　　报出日期：　年　月　日

# 第七节　企业的偿债能力，如何体现

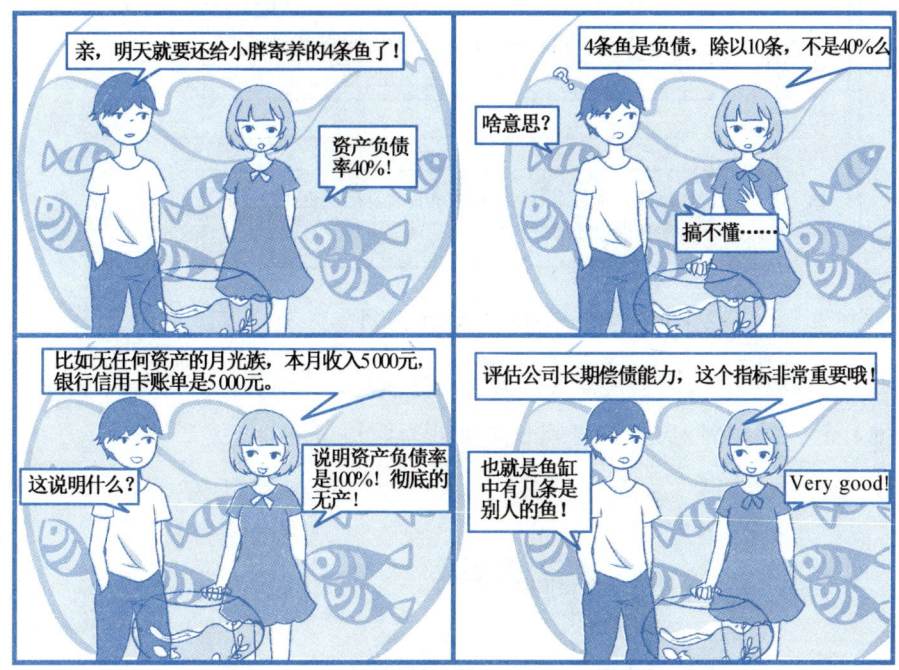

　　之前我们说资产负债表是"底子"，它意味着企业自己拥有多少资产，又有多少是欠别人而需要偿还的，属于自己的"净资产"到底有多少？资产越多，实力越大，这样"家底"也就越厚……那么透过资产负债表这张"表"，我们还可以看出什么？这就是我们接下来所要学习的内容，通过资产负债表来分析企业的偿债能力、发展能力。

　　偿债能力是指企业偿还其债务的能力。偿债能力分析有很多用处，请看图 2-36。

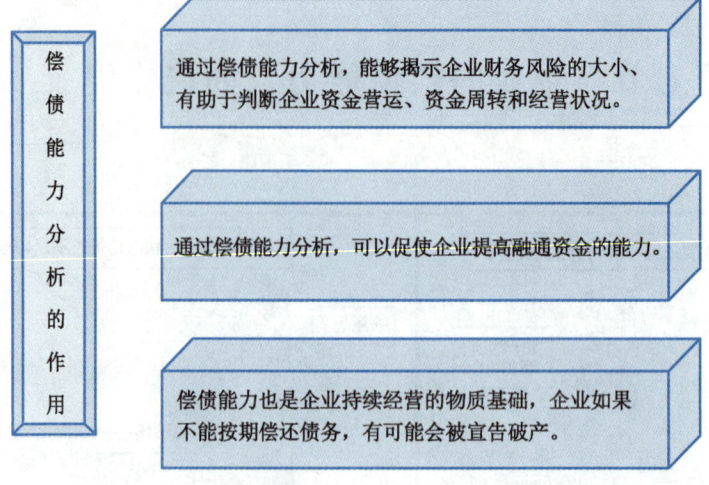

**图 2-36　偿债能力分析的作用**

企业的债务按照偿还期限分为流动负债与非流动负债，相应地，企业的偿债能力按其时间长短也分为两种情形，如图 2-37 所示。

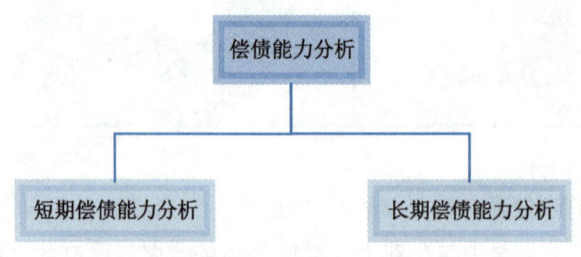

**图 2-37　偿债能力分析的分类**

那么，应如何分析企业的短期偿债能力？

短期偿债能力是指企业对一年内到期债务的清偿能力。由于到期债务一般均以现金清偿，因此短期偿债能力本质上是一种资产的变现能力。

## 财务指标一：营运资金

营运资金的计算公式和应注意的问题如表 2-3 所示。

表 2-3　　　　营运资金的计算公式和应注意的问题

| 计算公式 | 应注意的问题 |
| --- | --- |
| 营运资金＝流动资产－流动负债 | (1) 营运资金的数额越大，财务状况越稳定。<br>(2) 营运资金是绝对数，不便于不同规模的企业之间进行比较。 |

下面，给大家举例如下。

1. 现有 A、B 两个企业，A 企业的流动资产金额为 15 万元，流动负债金额为 9 万元；B 企业流动资产金额为 16 万元，流动负债金额为 8 万元。

解析：根据营运资金＝流动资产－流动负债，可得 A、B 两企业的营运资金分别为 6 万元、8 万元；由于 B 企业的营运资金大于 A 企业的，故 B 企业的短期偿债能力高于 A 企业。

2. 现有甲、乙两企业，甲企业的流动资产金额为 100 万元，流动负债金额为 90 万元；乙企业流动资产金额为 25 万元，流动负债金额为 10 万元，根据营运资金＝流动资产－流动负债，可得甲、乙两企业的营运资金分别为 10 万元、15 万元。

解析：也许大家会认为乙企业的营运资金大于甲企业的，所以乙企业的短期偿债能力高于甲企业。但是，很明显甲企业的财务实力远远大于乙企业，此时用"营运资金"这一财务指标来判断企业的偿债能力就不合适了。这是因为"营运资金"是绝对数指标，不适用于不同规模企业偿债能力的比较。

## 财务指标二：流动比率

流动比率的计算公式和应注意的问题如表 2-4 所示。

表 2-4　　流动比率的计算公式和应注意的问题

| 计算公式 | 应注意的问题 |
| --- | --- |
| 流动比率＝流动资产÷流动负债 | (1) 含义：一元的流动负债有多少元的流动资产保障。<br>(2) 它是衡量企业短期偿债能力的基本指标。 |

从不同的角度分析流动比率指标，就会有不同的收获，如图 2-38 所示。

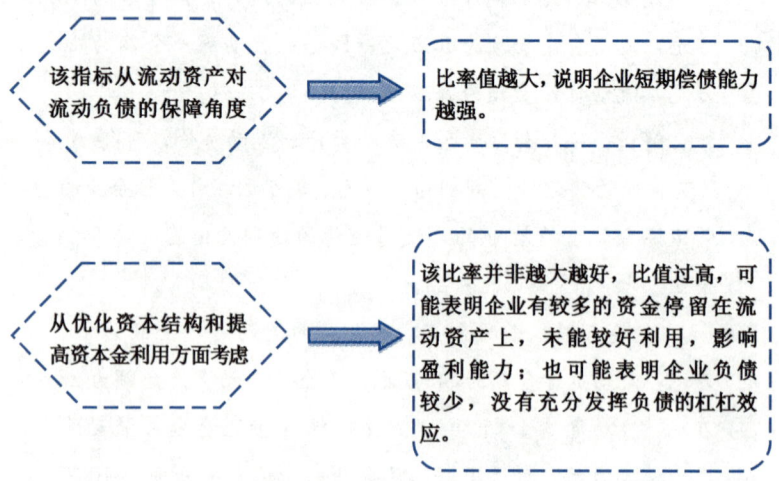

图 2-38　不同角度分析流动比率

一般情况下，流动比率越高，说明企业的短期偿债能力越强。但是流动比率过高，表明企业流动资产占用较多，会影响资金的使用效率和企业的筹资成本，进而影响获利能力。通常认为，流动比率为 2 时较为合适。

由于不同行业和不同经营特点下企业的正常流动比率不同，分析时应考虑企业所处的行业性质、经营特点甚至不同发展阶段。此外，还应特别注意，由于存货、应收账款是企业流动资产的主要组成部分，存货、应收账款的质量将会对流动比率产生十分重大的影响，分析时应综合考虑。

## 财务指标三：速动比率

速动比率的计算公式和应注意的问题如表 2-5 所示。

**表 2-5　　速动比率的计算公式和应注意的问题**

| 计算公式 | 应注意的问题 |
| --- | --- |
| 速动比率＝速动资产÷流动负债 | （1）含义：一元的流动负债有多少元的速动资产保障。<br>（2）速动资产＝流动资产—非速动资产（非速动资产＝存货＋一年内到期的非流动资产＋其他流动资产）。 |

将流动资产中流动性较差或不易变现的存货、预付账款等项目扣除，是因为预付账款、存货等的变现速度较慢，或存货可能已经毁损还未处理等；速动资产主要包括货币资金、交易性金融资产、应收账款等，这是流动资产中变现能力强、流动性好的资产。

一般情况下，速动比率越高，表明企业偿还流动负债的能力越强；但速动比率过大，表明企业现金及应收账款占用过多，而增加企业的机会成本，所以分析时应当结合应收账款的周转速度、信用政策和收款政策等因素进行综合考虑。

该比率是从速动资产对流动负债的保障程度的角度说明企业的短期偿债能力，通常认为，当企业的速动比率为 1 时较为合适。

## 财务指标四：现金比率

现金比率的计算公式和应注意的问题如表 2-6 所示。

表 2-6　　　现金比率的计算公式和应注意的问题

| 计算公式 | 应注意的问题 |
|---|---|
| 现金比率＝（货币资金＋交易性金融资产）÷流动负债 | (1) 含义：一元的流动负债有多少元的现金保障。<br>(2) 现金比率剔除了应收账款对偿债能力的影响，最能直接反映企业偿付流动负债的能力。 |

通常认为，现金比率为 0.2 时较为合适。如果这一比率过高，就意味着企业过多资源占用在盈利能力较低的现金资产上，从而影响企业的盈利能力。

### 财务指标五：现金流动负债比率

现金流动负债比率的计算公式和应注意的问题如表 2-7 所示。

表 2-7　　现金流动负债比率的计算公式和应注意的问题

| 计算公式 | 应注意的问题 |
|---|---|
| 现金流动负债比率＝经营现金净流量÷流动负债 | (1) 含义：一元的流动负债有多少元的经营现金流量保障。<br>(2) 该指标越大，表明企业经营活动产生的现金净流量越多，越能保障企业按期偿还到期债务；如该指标过大，表明企业流动资金利用不充分，获利能力不强。 |

长期偿债能力和短期偿债能力是相对的，表明企业对全部债务本息的承受能力和偿还能力，是衡量企业财务安全与稳定程度的重要标志，它受企业资本结构和未来盈利能力等方面的影响，包括债务本金的偿还和债务利息的支付两个方面。

### 财务指标六：资产负债率

资产负债率的计算公式和应注意的问题如表 2-8 所示。

**表 2-8　　　　　资产负债率的计算公式和应注意的问题**

| 计算公式 | 应注意的问题 |
|---|---|
| 资产负债率＝负债总额÷资产总额 | (1) 含义：一元的资产承担着多少元的偿债压力。<br>(2) 该指标是从总资产对总负债的保障程度角度来说明企业的长期偿债能力。相对而言，比率值越小，表明企业资产对负债的保障程度越高，企业的偿债能力越强。 |

　　资产负债率是国际公认的衡量企业偿还债务能力和财务风险的重要指标，比较保守的经验判断一般不高于50%，国际上一般认为60%比较合理。事实上，不同行业、企业的不同生命周期、不同经营观念、不同宏观经济环境甚至不同社会文化环境对资产负债率的评价标准都会产生影响。我们在进行实际分析时，应当结合国家总体经济状况、行业发展趋势、企业所处的竞争环境等具体条件进行客观判定。

　　不同的主体，由于他们所处的立场不同，对该指标的态度也不同，详见图2-39。

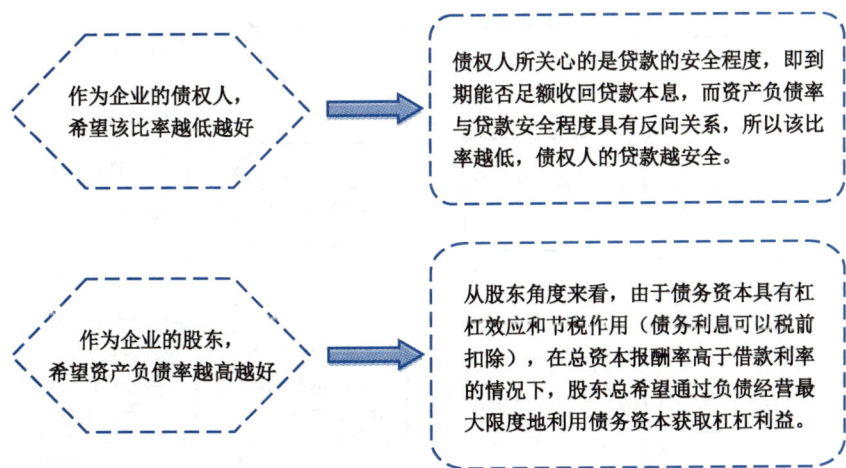

作为企业的债权人，希望该比率越低越好

债权人所关心的是贷款的安全程度，即到期能否足额收回贷款本息，而资产负债率与贷款安全程度具有反向关系，所以该比率越低，债权人的贷款越安全。

作为企业的股东，希望资产负债率越高越好

从股东角度来看，由于债务资本具有杠杠效应和节税作用（债务利息可以税前扣除），在总资本报酬率高于借款利率的情况下，股东总希望通过负债经营最大限度地利用债务资本获取杠杠利益。

（续图）

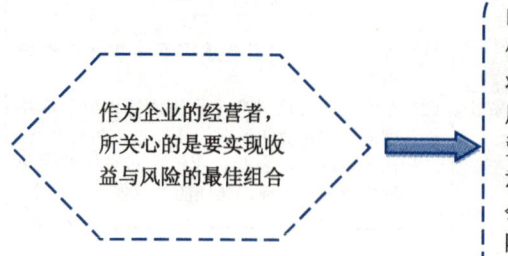

即以适度的风险获取最大的收益。因为在他们看来，若负债规模过大，资产负债率过高，将会给公众以财务状况不佳、融资空间和发展潜力有限的评价；反之，若负债规模过小，资产负债率低，又给公众以经营者缺乏风险意识的感觉。因此他们进行负债筹资时，将会全面考虑和充分预计负债经营的收益和风险，并作出合理的权衡，以实现收益和风险的最佳组合。

作为企业的经营者，所关心的是要实现收益与风险的最佳组合

图 2-39　对待"资产负债率"的态度

帮帮你——拓展延伸

假如你是一个企业的经营管理者，你应该如何对企业的资产负债率这一财务指标进行分析？具体详见图 2-40。

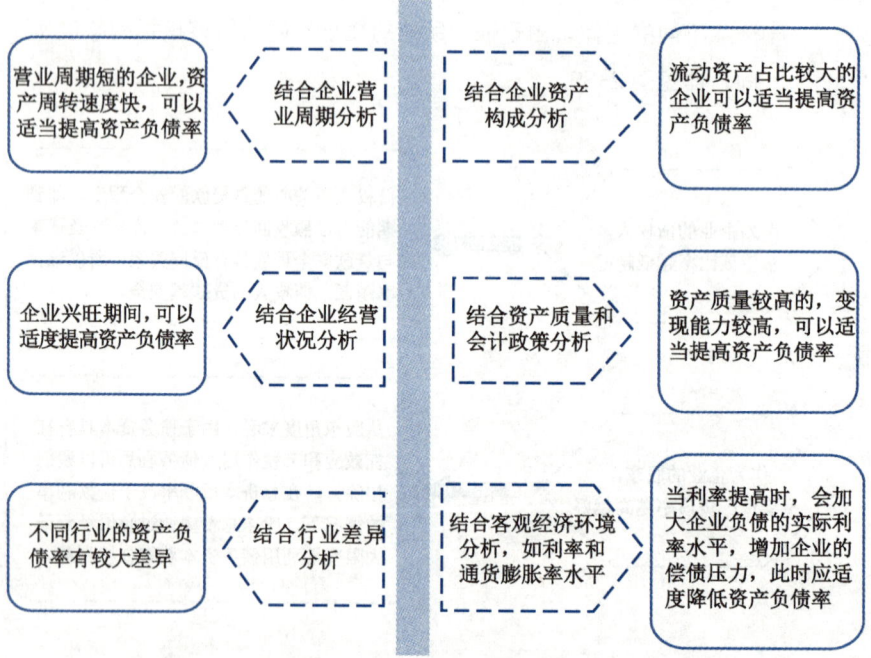

图 2-40　管理者对资产负债率的全方位分析

## 财务指标七：产权比率和权益乘数

产权比率和权益乘数的计算公式和应注意的问题如表2-9所示。

表2-9　产权比率和权益乘数的计算公式和应注意的问题

| 计算公式 | 应注意的问题 |
| --- | --- |
| 产权比率=负债总额÷所有者权益总额<br>权益乘数=资产总额÷股东权益总额 | (1) 产权比率和权益乘数是资产负债率的另外两种表现形式。<br>(2) 三者之间的关系：<br>权益乘数=1＋产权比率=1÷（1－资产负债率） |

产权比率与资产负债率对评价偿债能力的作用基本相同，两者的主要区别是：资产负债率侧重于分析债务偿付安全性的物质保障程度；产权比率则侧重于揭示财务结构的稳健程度以及自有资金对偿债风险的承受能力。

## 财务指标八：利息保障倍数

利息保障倍数是企业一定时期税前利润总额与利息支出的比值，该指标充分反映了企业收益对偿付债务利息的保障程度和企业债务的偿还能力。利息保障倍数的计算公式和应注意的问题如表2-10所示。资产负债率、产权比率和权益乘数，分析的是企业偿还本金的能力，而利息保障倍数则分析的是企业支付利息的能力。

表2-10　利息保障倍数的计算公式和应注意的问题

| 计算公式 | 应注意的问题 |
| --- | --- |
| 利息保障倍数=息税前利润总额÷全部利息费用 | (1) 含义：一元的利息费用有多少元的息税前利润总额作保障。<br>(2) 息税前利润=净利润＋利息费用＋所得税 |

　　一般情况下，利息保障倍数越高，表明企业的债务偿还越有保障；相反，则表明企业没有足够资金来源偿还债务利息，企业偿债能力低下。

　　由于各个企业所处的行业不同，所以利息保障倍数有不同的标准界限（一般情况下，利息保障倍数至少要大于1，国际上公认的利息保障倍数为3）。该指标若大于1，表明企业负债经营能够赚取比资本成本更高的利润，但这仅仅表明企业能够维持经营，这还远远不够；若该指标小于1，则表明企业无力赚取大于资本成本的利润，企业债务风险很大，很可能资不抵债，会破产……

## 第八节　考察偿债能力你是否忽略了"表"外因素

我们通过分析资产负债表中的一些财务指标，可以判断企业的偿债能力，但仅有这些就够了吗？很显然，是不够的！因为在资产负债表外，仍有其他因素会影响企业的偿债能力，这就是所谓的"表外因素"，表外因素对企业的偿债能力分析具有十分重要的影响。那"表外因素"到底如何影响呢？详见图2-41。

| 表外因素 | 影响 | 应注意的问题 |
|---|---|---|
| 可动用的银行贷款指标 | 可以提高企业的偿债能力 | 可动用的银行贷款指标是指银行已经批准，但尚未办理贷款手续的银行贷款限额，这种贷款指标可以随时使用，提高企业支付能力，缓解财务危机。 |
| 资产质量 | 可能会提高企业的偿债能力 | 如果企业存在很快变现的长期资产，会增加企业的短期偿债能力。 |
| 或有事项和承诺事项 | 可能会降低企业的偿债能力 | 或有事项一旦发生，便会影响企业的财务状况，会增加企业潜在的偿债压力，降低偿债能力。 |
| 长期经营租赁 | 可能会降低企业的偿债能力 | 长期经营租赁其未来应付租金并未在会计报表中反映。如果租赁业务量大、期限较长，其报表未列报的租金将会对企业偿债能力产生较大的影响。 |
| 担保责任 | 可能会降低企业的偿债能力 | 企业如果以本企业的资产或信用为其他企业贷款、经济合同履行等提供担保，在被担保人无法履行合约时，就有可能成为企业的负债，进而影响企业的偿债能力。 |

图2-41　表外因素的"影响"

# 第九节　你会分析企业的发展能力吗

发展能力，也就是企业的成长性，是企业通过自身的生产经营活动，不断扩大积累而形成的发展潜能。企业发展能力衡量的核心是企业的价值增长率，价值增长率可以销售收入增长率、总资产增长率、资本积累率、资本保值增值率为基本指标，通过这一系列指标的分析，来对企业的发展能力进行判定。

## 财务指标一：销售收入增长率

销售收入增长率也称为营业增长率，是指企业本年销售收入的增长额同上年销售收入的比率，反映企业销售收入的增长变动情况，是分析企业成长状况和发展能力的重要指标。销售收入增长率的计算公式和应注意的问题如表 2-11 所示。

表 2-11    销售收入增长率的计算公式和应注意的问题

| 计算公式 | 应注意的问题 |
|---|---|
| 销售收入增长率＝本年销售收入增长额÷上年销售收入×100% | (1) 该指标是衡量企业经营状况和市场占有能力的、预测企业经营业务拓展趋势的重要标志。<br>(2) 不断增加的销售收入，是企业生存的基础和发展的条件。 |

该指标若大于 0，表明企业本年的销售收入有所增长，指标值

越高，说明增长速度越快，企业的市场前景越好；若该指标小于 0，则说明产品或服务的市场份额占有率不高，企业的发展能力有待提高。

## 财务指标二：总资产增长率

总资产增长率的计算公式和应注意的问题如表 2-12 所示。

表 2-12　　总资产增长率的计算公式和应注意的问题

| 计算公式 | 应注意的问题 |
| --- | --- |
| 总资产增长率＝本年资产增长额÷年初资产总额×100％ | 总资产增长率越高，表明企业一定时期内资产经营规模扩张的速度越快。 |

## 财务指标三：资本积累率

资本积累率是指企业本年所有权益增长额同年初所有者权益的比率。资本积累率表示企业当年资本的积累能力，是分析企业发展潜力的重要指标。资本积累率的计算公式和应注意的问题如表 2-13 所示。

表 2-13　　资本积累率的计算公式和应注意的问题

| 计算公式 | 应注意的问题 |
| --- | --- |
| 资本积累率＝本年所有者权益增长额÷年初所有者权益×100％ | 资本积累率又叫所有者权益增长率，反映了所有者权益在当年的变动水平，体现了企业资本的积累情况，是企业发展强盛的标志，也是企业扩大再生产的源泉，展示了企业的发展潜力。 |

该指标越高，说明企业资本积累越多，企业资本保全性越强，应对风险、持续发展的能力越强；若该指标为负值，则表明企业的资本受到侵蚀，所有者利益受到损害，应予以充分重视。

## 财务指标四：资本保值增值率

资本保值增值率的计算公式和应注意的问题如表2-14所示。

**表2-14 资本保值增值率的计算公式和应注意的问题**

| 计算公式 | 应注意的问题 |
| --- | --- |
| 资本保值增长率＝期末所有者权益÷年初所有者权益×100％ | 该指标也是衡量企业发展能力的重要指标。这一指标的高低，除了受企业经营成果的影响外，还受企业利润分配政策和投入资本的影响。 |

下面，给大家举例如下。

现有甲、乙两个企业：甲企业2017年年初和2017年年末的所有者权益分别为400万元和500万元，则甲企业的资本保值增值率＝500÷400＝1.25；乙企业2017年年初和2017年年末的所有者权益分别为400万元和600万元（2017年9月1日，乙公司因有新的投资者加入，使其注册资本增加200万元，进而使得期末所有者权益有所增加），乙企业的资本保值增值率＝600÷400＝1.5。

解析：我们能否判定说，由于乙企业的资本保值增值率高于甲企业，所以乙企业的发展潜力就高于甲企业。很显然，这是不合理的。乙企业的资本保值增值率高，那是因为乙企业投入资本增加引起的，并不是乙企业自身的经营成果，也不一定是乙企业自己发展积累的。通过该案例，我们在分析企业发展能力的时候，需要注意资本保值增值率不仅受企业经营成果的影响，也受企业投入资本的影响，应当综合考虑、分析。

## 第十节　实战演练，从容应对

通过第九节内容的学习，我们基本掌握了资产负债表的编制方法，以及具体项目的"填列方法"，接下来就让我们进入"实战演练"模式，将所学所知运用到实践中。

甲公司 2017 年 12 月 31 日资产负债表中各项目的期末余额明细如表 2-15 所示。

表 2-15　　　　　　　　期 末 余 额

| 会计科目 | 期末余额 | |
|---|---|---|
| | 借方 | 贷方 |
| 库存现金 | 740 | |
| 银行存款 | 168 300 | |
| 应收账款 | 85 460 | |
| 坏账准备 | | 6 500 |
| 原材料 | 66 500 | |
| 库存商品 | 101 200 | |
| 存货跌价准备 | | 1 200 |
| 固定资产 | 468 900 | |
| 累计折旧 | | 3 350 |
| 固定资产清理 | | 5 600 |
| 其他流动资产 | 14 500 | |
| 应付账款 | | 93 000 |
| 预收账款 | | 10 000 |
| 长期借款 | | 250 000 |
| 实收资本 | | 500 000 |
| 盈余公积 | | 4 500 |

补充资料：

(1) 应收账款有关明细账期末余额情况：应收账款——A 公司借方余额 98 000 元；应收账款——B 公司贷方余额 12 540 元。

(2) 长期待摊费用中包含了将于 1 年内摊销的金额 8 000 元。

(3) 应付账款有关明细账期末余额情况：应付账款——C 公司借方余额 5 000 元；应付账款——D 公司贷方余额 98 000 元。

(4) 预收账款有关明细账户期末余额情况：预收账款——E 公司借方余额 2 000 元；预收账款——F 公司贷方余额 12 000 元。

(5) 长期借款期末余额中将于 1 年内到期归还的长期借款金额为 100 000 元。

(6) "未分配利润" 年初余额为 20 000 元，本年净利润为 18 450 元，本年分配利润 7 000 元。

请根据上述资料，编制甲公司 2017 年 12 月 31 日的资产负债表。

运用所学知识，我们接下来逐项分析每个项目的具体填列方法及金额。

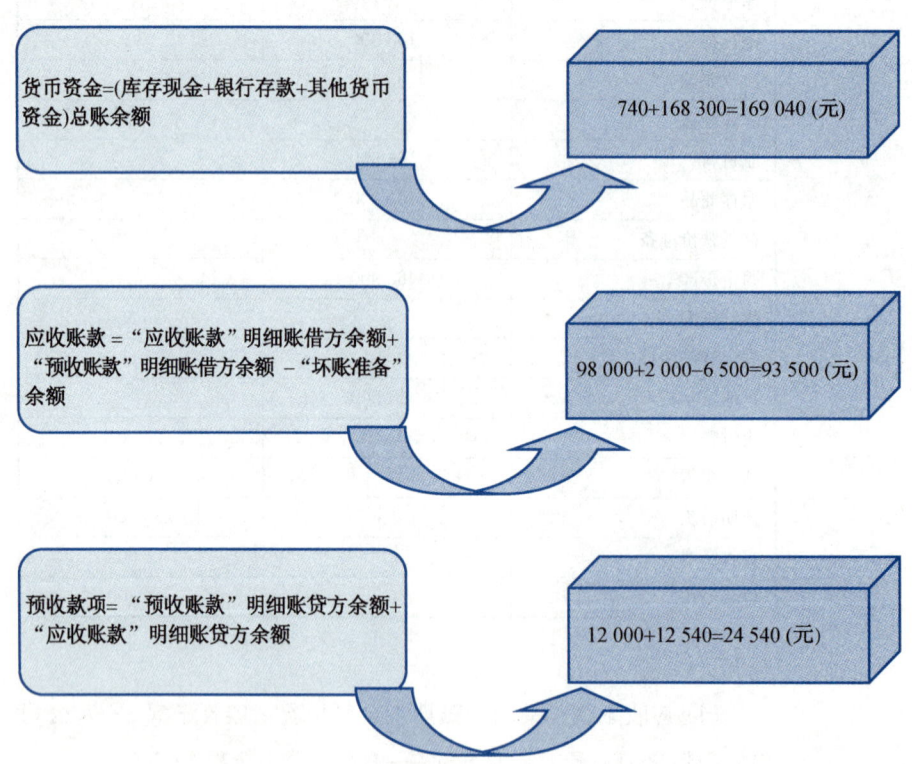

货币资金=(库存现金+银行存款+其他货币资金)总账余额

740+168 300=169 040 (元)

应收账款 = "应收账款" 明细账借方余额+ "预收账款" 明细账借方余额 - "坏账准备" 余额

98 000+2 000-6 500=93 500 (元)

预收款项= "预收账款" 明细账贷方余额+ "应收账款" 明细账贷方余额

12 000+12 540=24 540 (元)

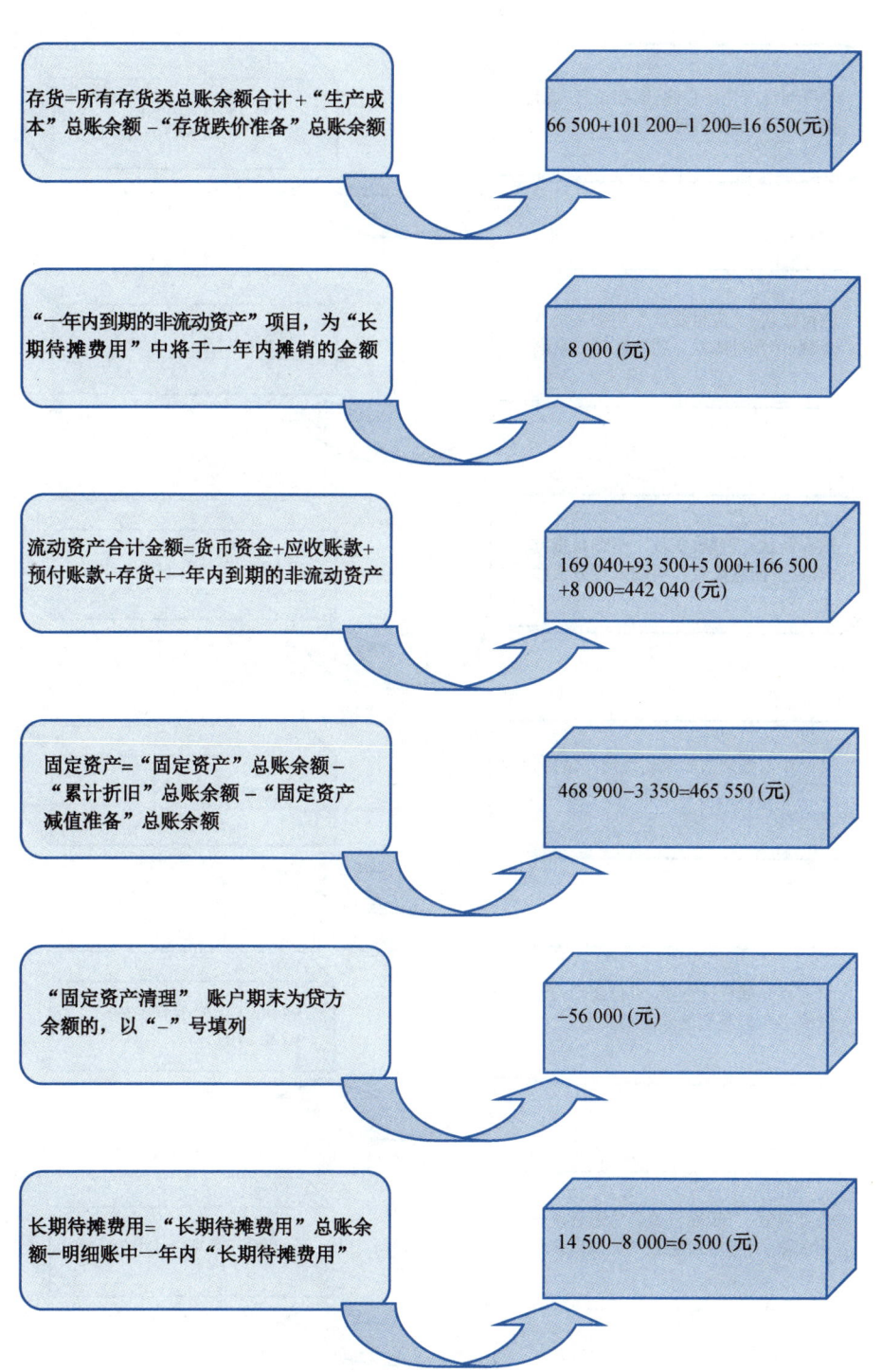

存货=所有存货类总账余额合计＋"生产成本"总账余额－"存货跌价准备"总账余额

66 500+101 200－1 200=16 650(元)

"一年内到期的非流动资产"项目，为"长期待摊费用"中将于一年内摊销的金额

8 000 (元)

流动资产合计金额=货币资金+应收账款+预付账款+存货+一年内到期的非流动资产

169 040+93 500+5 000+166 500+8 000=442 040 (元)

固定资产="固定资产"总账余额－"累计折旧"总账余额－"固定资产减值准备"总账余额

468 900－3 350=465 550 (元)

"固定资产清理"账户期末为贷方余额的，以"－"号填列

－56 000 (元)

长期待摊费用="长期待摊费用"总账余额－明细账中一年内"长期待摊费用"

14 500－8 000=6 500 (元)

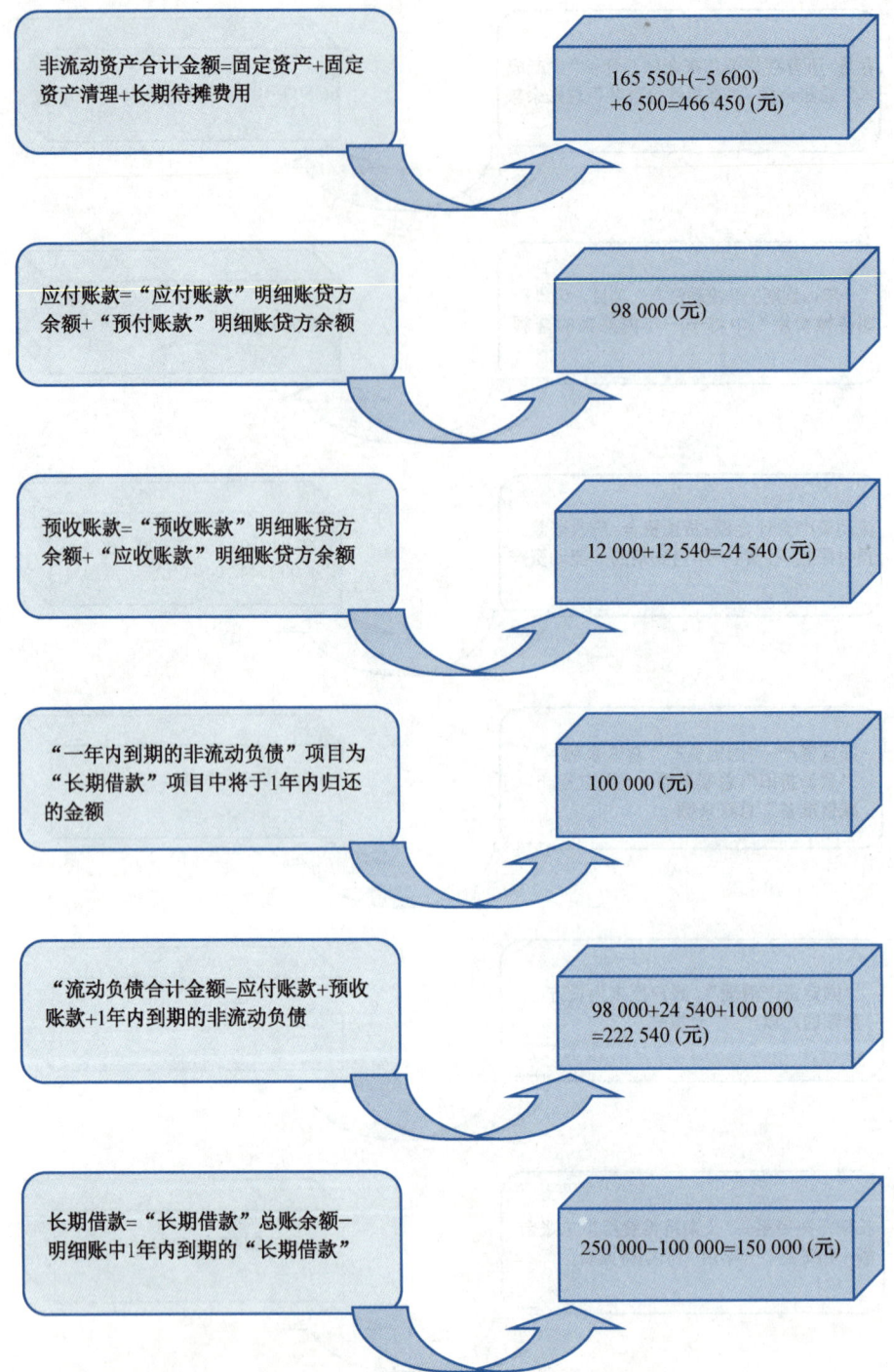

非流动资产合计金额=固定资产+固定资产清理+长期待摊费用

165 550+(−5 600)+6 500=466 450 (元)

应付账款="应付账款"明细账贷方余额+"预付账款"明细账贷方余额

98 000 (元)

预收账款="预收账款"明细账贷方余额+"应收账款"明细账贷方余额

12 000+12 540=24 540 (元)

"一年内到期的非流动负债"项目为"长期借款"项目中将于1年内归还的金额

100 000 (元)

"流动负债合计金额=应付账款+预收账款+1年内到期的非流动负债

98 000+24 540+100 000=222 540 (元)

长期借款="长期借款"总账余额−明细账中1年内到期的"长期借款"

250 000−100 000=150 000 (元)

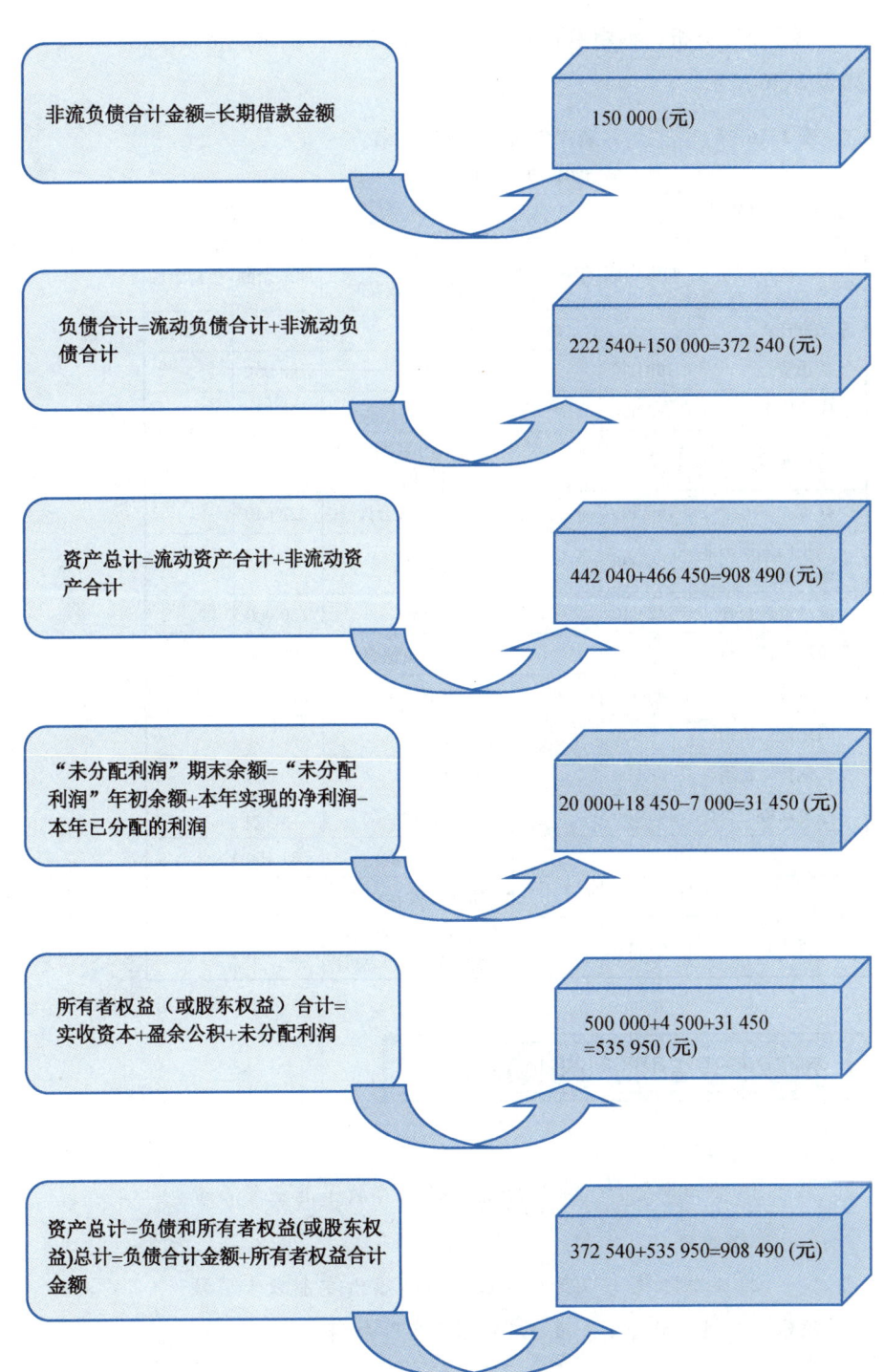

非流负债合计金额=长期借款金额

150 000 (元)

负债合计=流动负债合计+非流动负债合计

222 540+150 000=372 540 (元)

资产总计=流动资产合计+非流动资产合计

442 040+466 450=908 490 (元)

"未分配利润"期末余额="未分配利润"年初余额+本年实现的净利润−本年已分配的利润

20 000+18 450−7 000=31 450 (元)

所有者权益（或股东权益）合计=实收资本+盈余公积+未分配利润

500 000+4 500+31 450 =535 950 (元)

资产总计=负债和所有者权益(或股东权益)总计=负债合计金额+所有者权益合计金额

372 540+535 950=908 490 (元)

　　根据上述分析，编制甲公司 2017 年 12 月 31 日的资产负债表，如表 2-16 所示。

表 2-16　　　　　　　　　　　　资产负债表（简表）

2017 年 12 月 31 日

填制单位：甲公司　　　　　　　　　　　　　　　　　　　　　　单位：元

| 资产 | 期末余额 | 年初余额 | 负债和所有者权益（或股东权益） | 期末余额 | 年初余额 |
|---|---|---|---|---|---|
| 流动资产： | | （略） | 流动负债： | | （略） |
| 货币资金 | 169 040 | | 应付账款 | 98 000 | |
| 应收账款 | 93 500 | | 预收账款 | 24 540 | |
| 预付账款 | 5 000 | | 一年内到期的非流动负债 | 100 000 | |
| 存货 | 166 500 | | 流动负债合计 | 222 540 | |
| 一年内到期的非流动资产 | 8 000 | | 非流动负债： | | |
| 流动资产合计 | 442 040 | | 长期借款 | 150 000 | |
| 非流动资产： | | | 非流动负债合计 | 150 000 | |
| 固定资产 | 465 550 | | 负债合计 | 372 540 | |
| 固定资产清理 | −5 600 | | 所有者权益： | | |
| 长期待摊费用 | 6 500 | | 实收资本 | 500 000 | |
| 非流动资产合计 | 466 450 | | 盈余公积 | 4 500 | |
| | | | 未分配利润 | 31 450 | |
| | | | 所有者权益合计 | 535 950 | |
| 资产总计 | 908 490 | | 负债和所有者权益（或股东权益）总计 | 908 490 | |

## 资产负债表常用项目的计算公式

　　（1）货币资金＝（库存现金＋银行存款＋其他货币资金）总账余额

　　（2）应收账款＝"应收账款"明细账借方余额＋"预收账款"明细账借方余额－"坏账准备"余额

（3）预收款项＝"预收账款"明细账贷方余额＋"应收账款"明细账贷方余额

（4）应付账款＝"应付账款"明细账贷方余额＋"预付账款"明细账贷方余额

（5）预付账款＝"预付账款"明细账借方余额＋"应付账款"明细账借方余额

（6）存货＝所有存货类总账余额合计＋"生产成本"总账余额－"存货跌价准备"总账余额

（7）固定资产＝"固定资产"总账余额－"累计折旧"总账余额－"固定资产减值准备"总账余额

（8）无形资产＝"无形资产"总账余额－"累计摊销"总账余额－"无形资产减值准备"总账余额

（9）长期股权投资＝"长期股权投资"总账余额－"长期股权投资减值准备"总账余额

（10）长期借款＝"长期借款"总账余额－明细账中一年内到期的"长期借款"

（11）长期待摊费用＝"长期待摊费用"总账余额－明细账中一年内"长期待摊费用"

（12）未分配利润＝（本年利润＋利润分配）总账余额

# 第三章

## 利润表是"面子"，
## 有利润就有"面子"

　　俗话说"人活脸面，树活皮"，我们中国人是非常重视面子的，在我看来，"面子"就如同穿在我们身上的衣服一样，如果没有合适的着装，也许我们可能就不被允许进入某种特定的场合，人有了面子，就如同穿了一身干净的衣服一般。同样的道理，对于一个企业来说，利润表就是它的"面子"……

# 第一节　"两观"你懂了吗

有利润就能赚钱，说到底，企业的核心目的就是盈利，企业赚不赚钱，能赚多少钱，我们都可以通过利润表来看，所以说利润表就是企业的"面子"，企业只有盈利，才可以维护自己的面子。

关于利润表中利润要素的列报，目前主要有两种观点：即收入费用观和资产负债观（详见图3-1）。

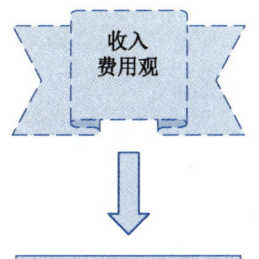

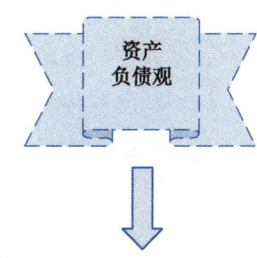

收入费用观认为，利润是企业收入费用配比的结果，即把特定时期内相关联的收入和费用进行配比，如果收入大于费用为利润；反之，为亏损。在这种观点下，利润确定的关键在于收入和费用的确认、计量和配比。

资产负债观认为，利润是企业在某一时期内净资产的增加额，即企业在投入资本得到保全的前提下，其资源的净增加额。在这种观点下，利润确定就依存于资本保全概念和资源的计量方法。资本保全是指在企业资本得到维护后，才能确认利润。

**图 3-1　收入费用观和资产负债观**

利润表又称为收益表、损益表，是反映企业在一定会计期间的经营成果的会计报表。利润表作为企业经效益的综合表现，不仅是衡量企业经营业绩的主要指标，也是对企业经营成果进行分配的重要依据。利润确认、计量的正确与否直接影响各个方面的利益关系。

在资产负债观下，资本保全也有两种不同的观点，即货币资本保全和实物资本保全。货币资本保全强调货币资金的维护，在这种概念下，会计利润是在原始投入的货币资本额得到保持的基础上，一定时期内的净资产的增加。换言之，会计利润等于一切实现的收入减去按历史成本计价的已耗资源的成本费用。实物资本保全概念强调应当维护实物资本，即企业的实际生产能力。根据实物资本保全概念，利润等于一切已取得的收入减去按现行成本计价的全部成本和费用的余额。

　　按照国际惯例，主要采用收入费用配比观，并按货币资金保全确定利润，即会计利润是指本期已实现的收入与相关历史成本之间的差额。这种观念被称为传统的会计利润概念。

　　关于配比原则，详见图3-2。

　　配比原则是指某个会计期间或某个会计对象所取得的收入应与取得该收入所发生的费用、成本相匹配，以正确计算在该会计期间、该会计主体所获得的净损益。

　　配比原则作为会计要素确认要求，用于利润确定。会计主体的经济活动会带来一定的收入，也必然要发生相应的费用。有所得必有所费(出)，所费是为了所得，两者是对立的统一，利润正是所得减去所费的结果。配比原则的依据是受益原则，即谁受益，费用归谁负担。受益原则承认得失之间存在因果关系，但并非所有费用与收入之间都存在因果关系，必须按照配比原则进行区分。

图3-2　配比原则

　　下面，给大家举例如下。

　　甲企业这个月销售了100件商品，收入是30 000元，产品成本是20 000元，收回25 000元，还有5 000元应收账款。在不考虑税收的情况下，收入和费用应确认为多少元?

　　应该确认30 000元的收入和20 000元的营业成本，这样费用和收入才是配比的，同时也反映了权责发生制。如果因为收回25 000元，就确认25 000元的收入和20 000元的营业成本，就不符合配比原则了。

# 第二节　为什么"面子"很重要

经营一家公司，面子着实重要。我们常常用"粉饰"这个词来形容篡改财务报表的行为。报表造假多数情况是对公司利润表进行"粉饰"，尤其是利润总额。毕竟经营业绩好坏直接影响投资人对公司的态度。利润表作为公司的"面子"，其重要性不言而喻。具体详见图3-3。

利润既是企业经营业绩的综合体现，又是企业进行利润分配的主要依据。所以利润表是会计报表中的一张主要"脸面"，这个"面子"到底有啥重要作用？

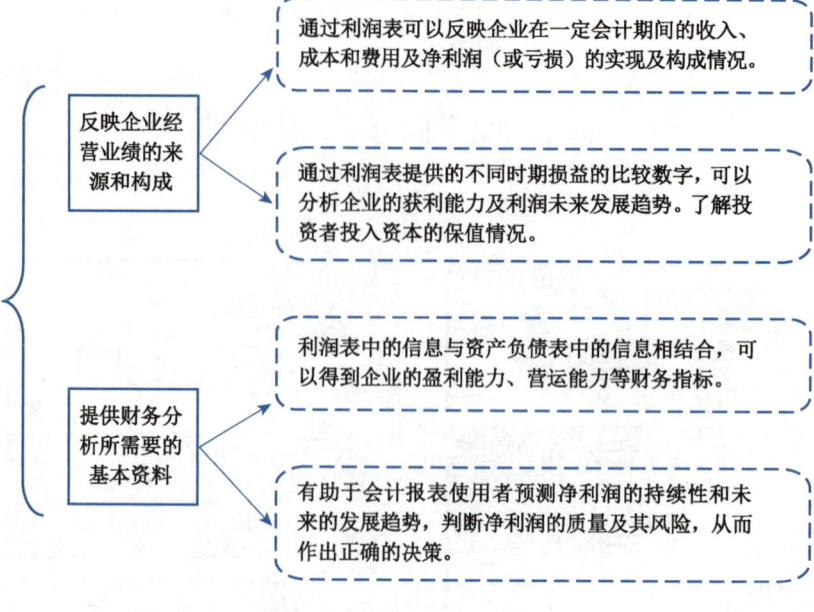

通过利润表可以反映企业在一定会计期间的收入、成本和费用及净利润（或亏损）的实现及构成情况。

通过利润表提供的不同时期损益的比较数字，可以分析企业的获利能力及利润未来发展趋势。了解投资者投入资本的保值情况。

反映企业经营业绩的来源和构成

利润表中的信息与资产负债表中的信息相结合，可以得到企业的盈利能力、营运能力等财务指标。

提供财务分析所需要的基本资料

有助于会计报表使用者预测净利润的持续性和未来的发展趋势，判断净利润的质量及其风险，从而作出正确的决策。

图 3-3　利润表的作用

利润表是通过一定的表格反映企业的经营成果。由于不同的国家和地区对会计报表的信息要求不完全相同，因此利润表的结构、格式也不完全相同，但目前比较普遍的格式有单步式利润表和多步式利润表，详见图 3-4。

单步式利润表是将本期所有的收入加在一起，然后再将所有的费用加总在一起，通过一次计算求出本期损益。单步式利润表的优点是：表式简单，易于理解；其缺点是：不利于报表使用者对企业盈利的分析。

多步式利润表中的损益是通过多步计算出来的。多步式对收入与费用项目加以归类，列示一些中间的计算过程，准确地揭示净利润各构成要素之间的内在联系，便于报表使用者进行盈利分析，有利于预测企业今后的盈利能力。

图 3-4　利润表的格式

目前，我国企业的利润表采用多步式格式，分以下三个步骤编制（详见图3-5）。

营业利润＝营业收入－营业成本－税金及附加－销售费用－管理费用－财务费用－资产减值损失＋公允价值变动收益（减去公允价值变动损失）＋投资收益（减去投资损失）

利润总额＝营业利润＋营业外收入－营业外支出

净利润＝利润总额－所得税费用

**图3-5　编制利润表的步骤**

　　下面，给大家举例如下。

　　甲公司2017年损益类账户年末结转利润账户前的余额如表3-1所示。

**表3-1　　2017年损益类账户余额**

| 账户名称 | 金额（元） | 账户名称 | 金额（元） |
|---|---|---|---|
| 主营业务收入 | 6 000 000（贷） | 税金及附加 | 80 000（借） |
| 其他业务收入 | 700 000（贷） | 销售费用 | 500 000（借） |
| 公允价值变动损益 | 150 000（贷） | 管理费用 | 770 000（借） |
| 营业外收入 | 50 000（贷） | 财务费用 | 200 000（借） |
| 主营业务成本 | 4 000 000（借） | 营业外支出 | 250 000（借） |
| 其他业务成本 | 420 000（借） | 所得税费用 | 170 000（借） |

　　（1）营业利润＝6 000 000＋700 000－4 000 000－420 000－80 000－500 000－770 000－200 000＋150 000＝880 000（元）。

（续上）

> （2）利润总额＝880 000＋50 000－250 000＝680 000（元）。
>
> （3）净利润＝680 000－170 000＝510 000（元）。

那么，公司的"面子"是如何构成的呢？

利润表一般有表首、正表两部分。其中，表首说明会计报表名称、编制单位、编制日期、报表编号、货币名称、计量单位等；正表是利润表的主体，反映形成经营成果的各个项目和计算过程。

我国所采用的利润表是多步式，其格式、结构见表3-2。

表3-2　　　　　　　　　利　润　表

会企02表

编制单位：　　　　　　　　　　　年　　　　　　　　　　单位：元

| 项　目 | 行次 | 本年金额 | 上年金额 |
|---|---|---|---|
| 一、营业收入 | 1 | | |
| 减：营业成本 | 2 | | |
| 　　税金及附加 | 3 | | |
| 　　销售费用 | 4 | | |
| 　　管理费用 | 5 | | |
| 　　财务费用（收益以"－"号填列） | 6 | | |
| 　　资产减值损失 | 7 | | |
| 加：公允价值变动净收益（净损失以"－"号填列） | 8 | | |
| 　　投资净收益（净损失以"－"号填列） | 9 | | |
| 二、营业利润（亏损以"－"号填列） | 10 | | |
| 加：营业外收入 | 11 | | |
| 减：营业外支出 | 12 | | |
| 　　其中：非流动资产处置净损失（净收益以"－"号填列） | 13 | | |
| 三、利润总额（亏损总额以"－"号填列） | 14 | | |
| 减：所得税 | 15 | | |
| 四、净利润（净亏损以"－"号填列） | 16 | | |
| 五、每股收益： | 17 | | |
| （一）基本每股收益 | 18 | | |
| （二）稀释每股收益 | 19 | | |

# 第三节　利润表中"营业收入"与"营业成本"如何填写

　　会计概念中的收入与成本是与公司正常经营相关，而故事中无论是捐款还是处置固定资产的残值收入并非公司的正常经营业务，因此不会体现在利润表中的"营业收入"和"营业成本"中的。

　　了解了利润表的基本知识点后，接卜米我们开始学习如何编制利润表，学习利润表中各个具体项目如何填列，因为只有准确分类、恰当列报的利润表才是真实有效的，才会对会计报表使用者的决策提供依据。接下来我们需要按照收入类、成本类、税金方面、期间费用等内容分节讲解。

利润表里到底有哪些项目需要填列呢？让我们一起来浏览一下，主要有：营业收入、营业成本、税金及附加、三大期间费用（管理费用、销售费用和财务费用）、资产减值损失、公允价值变动损益、投资收益、营业外收入、营业外支出、所得税费用等。"营业收入"是利润表中最重要的项目之一，"营业收入"对一个企业的重要性就相当于家庭收入对于我们每个人的重要性，收入是我们赖以生存的物质基础，没有了收入，我们就没法生活。同样的道理，企业没有了收入，就没有了资金来源，一切的生产经营活动就无法开展。

那我们应该如何界定收入？哪些项目可以确认为收入？收入的具体含义是什么？有哪些特点？

> 收入是指企业在日常活动中所形成的、会导致所有者权益增加的、与所有者投入资本无关的经济利益的总流入，主要包括销售商品收入、劳务收入、让渡资产使用权收入、利息收入、租金收入、股利收入等，但不包括为第三方或客户代收的款项。其特点主要详见图3-6。

收入一般在日常的经营活动中形成。

收入在会计中会引起业所有者权益的增加。其可能表现为资产的增加或负债的减少，或两者兼而有之。

收入只包括本企业经济利益的流入，所以不应该包括为第三方或客户代收的款项。

收入是与所有者投入资本无关的经济利益的总流入。

**图 3-6　收入的特点**

作为一般的生产型制造类企业，商品销售是其收入的主要来源，销售商品确认收入的条件详见图 3-7。

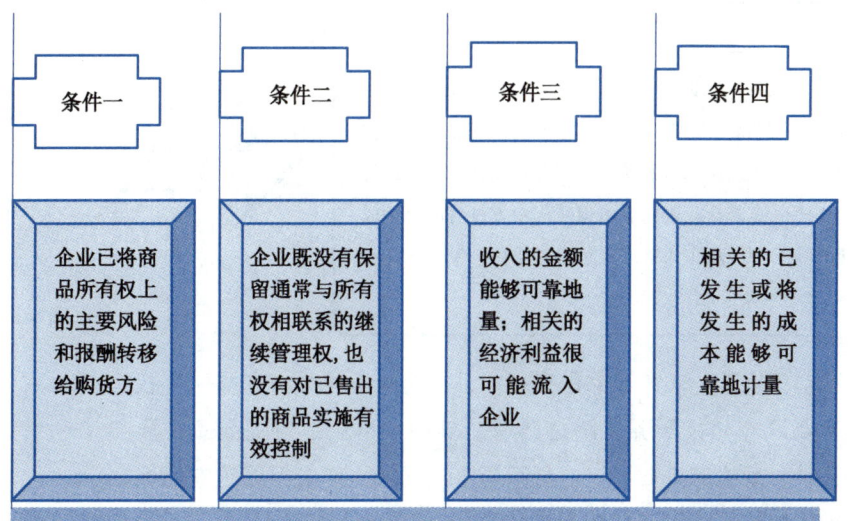

图 3-7 销售商品确认收入的条件

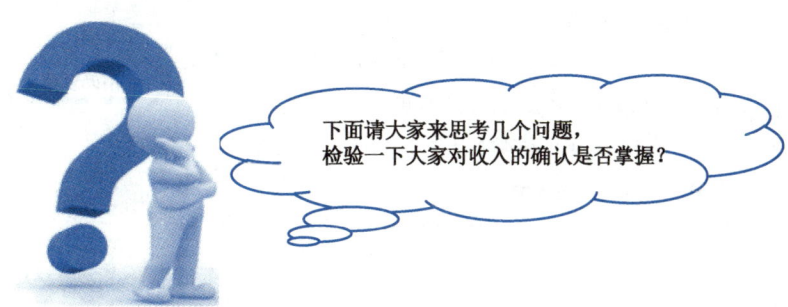

下面请大家来思考几个问题，检验一下大家对收入的确认是否掌握？

甲公司销售一批商品给丙公司。丙公司已根据甲公司开出的发票账单支付了货款，取得了提货单，但甲公司尚未将商品移交丙公司。甲公司是否确认收入？

甲公司委托乙公司销售商品，代销协议约定：乙公司在取得代销商品后，无论是否能够卖出、是否获利，均与甲公司无关。这批商品已经发出，货款尚未收到，甲公司开出了增值税专用发票。甲公司是否确认收入？

甲公司向乙公司销售一批商品，商品已经发出，乙公司已经支付全部货款，销售发票账单已交付乙公司。乙公司收到商品后，发现商品质量没有达到合同约定的要求，立即根据合同有关条款与甲公司交涉，要求在价格上给予一定折让，否则要求退货。双方没有就此达成一致意见，甲公司也未采取任何补救措施。甲公司是否确认收入？

不确认收入

某些情况下，转移商品所有权凭证或交付实物后，商品所有权上的主要风险和报酬并未随之转移。例如，企业销售的商品在质量、品种、规格等方面不符合合同或协议要求，又未根据正常的保证条款予以弥补，因而仍负有责任。

2017年12月1日，甲公司向乙公司销售一部电梯，电梯已经运抵乙公司，发票账单已经交付，同时收到部分货款。合同约定，甲公司应负责该电梯的安装工作，在安装工作结束并经乙公司验收合格后，乙公司应立即支付剩余货款。预计2018年1月安装完成并验收合格。甲公司2017年是否确认收入？

不确认收入

某些情况下，转移商品所有权凭证或交付实物后，商品所有权上的主要风险和报酬并未随之转移。例如，企业尚未完成售出商品的安装或检验工作，且安装或检验工作是销售合同或协议的重要组成部分。

甲公司为推销一种新产品，承诺凡购买新产品的客户均有一个月的试用期，在试用期内如果对产品使用效果不满意，甲公司可无条件给予退货。商品已经发出，货款已收讫，发票账单已经交付。甲公司是否确认收入？

不确认收入

某些情况下，转移商品所有权凭证或交付实物后，商品所有权上的主要风险和报酬并未随之转移。例如，销售合同或协议中规定了买方由于特定原因有权退货的条款，且企业又不能确定退货的可能性。

> 甲公司属于房地产开发商，2017年12月15日采用售后回购方式将一栋办公楼销售给中国银行，销售价为10 000万元，3年后回购价格为11 500万元。甲公司是否确认收入？

不确认收入

在有的情况下，企业售出商品后，由于种种原因仍保留与商品所有权相联系的继续管理权，或仍对商品可以实施有效控制，如售后回购等，则说明此项销售交易没有完成，销售不能成立，不应确认销售商品收入。

通过上述的举例，相信大家对销售商品确认收入的条件已经有所掌握，下面我们就讲解关于收入类项目的填列方法，详见图3-8。

"营业收入"项目 → 反映企业经营主要业务和其他业务所确认的收入总额。本项目应当根据"主营业务收入"和"其他业务收入"账户的发生额分析填列。

图3-8 "营业收入"的填列

以前的利润表把收入分成主营业务收入和其他业务收入，我们能很明显地看出来主营业务和其他业务的收入有多少；现在的利润表把业务收入不分主次，一律放在营业收入里了。有一种解释就是说现在很多企业实行多元化发展，各种业务的地位差不多，所以就不分主次了。

利润表中的"营业收入"项目按照"主营业务收入"与"其他业务收入"两项合计填列。下面我们通过案例具体分析"营业收入"的填列方法。

**案例一：托收承付方式销售商品的处理**

甲公司在 2017 年 9 月 12 日向乙公司销售一批商品，开出的增值税专用发票上注明的销售价格为 300 万元，增值税税额为 51 万元，款项尚未收到；该批商品成本为 260 万元。甲公司将商品发往乙公司且办妥托收手续。甲公司应进行账务处理如下（单位：万元）：

解析：

（1）2017 年 9 月 12 日发出商品时。

借：应收账款　　　　　　　　　　　　　　　　　351

　贷：主营业务收入　　　　　　　　　　　　　　　300

　　　应交税费——应交增值税（销项税额）　　　　51

借：主营业务成本　　　　　　　　　　　　　　　260

　贷：库存商品　　　　　　　　　　　　　　　　　260

（2）假定甲公司在销售时已知乙公司资金周转发生困难，但为了减少存货积压，甲公司仍发出了此批商品（假定甲公司销售该批商品的增值税纳税义务已经发生）。在这种情况下，甲公司能否确认收入？

答案是否定的，因为不满足收入确认的条件之一，即相关的经济利益很可能流入企业，所以甲公司不应当确认收入。甲公司应进行账务处理如下：

① 2017 年 9 月 12 日，发出商品时。

借：发出商品　　　　　　　　　　　　　　　　　260

　贷：库存商品　　　　　　　　　　　　　　　　　260

借：应收账款　　　　　　　　　　　　　　　　　51

　贷：应交税费——应交增值税（销项税额）　　　　51

② 假定 2017 年 11 月 5 日，甲公司得知乙公司经营情况逐渐好转，乙公司承诺近期付款时，预计 2018 年 1 月收到款项，此时甲公司就可以确认收入 300 万元。

借：应收账款　　　　　　　　　　　　　　　　　300

　贷：主营业务收入　　　　　　　　　　　　　　　300

借：主营业务成本　　　　　　　　　　　　　　　260

　贷：发出商品　　　　　　　　　　　　　　　　　260

（3）2018 年 1 月 16 日，收到款项时。

借：银行存款　　　　　　　　　　　　　　　　　351

　贷：应收账款　　　　　　　　　　　　　　　　　351

**案例二：销售商品涉及商业折扣、现金折扣的处理**

甲公司为增值税一般纳税人，适用的增值税税率为17%。2017年12月1日，甲公司向乙公司销售一批商品，按价目表上标明的价格计算，其不含增值税税额的售价总额为1 000万元。因属批量销售，甲公司同意给予乙公司10%的商业折扣；同时，为鼓励乙公司及早付清货款，甲公司规定的现金折扣条件为："2/10，1/20，n/30"。假定甲公司12月10日收到该笔销售的货款（按照不含增值税税额计算现金折扣）。

在本案例中，甲公司的商品销售涉及商业折扣，甲公司应按照折扣前的价格还是折扣后的价格确认收入？

解析：应按照折扣后的价格确认，所以甲公司应确认1 000×（1－10%）＝900（万元）的收入，而不是1 000万元。账务处理如下：

（1）2017年12月1日。

借：应收账款（1 000×1.17×90%）　　　　　　　　　　　　　　1 053

　　贷：主营业务收入（1 000×90%）　　　　　　　　　　　　　　900

　　　　应交税费——应交增值税（销项税额）　　　　　　　　　　153

（2）2017年12月10日收到货款。

借：银行存款　　　　　　　　　　　　　　　　　　　　　　　　1 035

　　财务费用（900×2%）　　　　　　　　　　　　　　　　　　　18

　　贷：应收账款　　　　　　　　　　　　　　　　　　　　　　　1 053

**知识点链接**

（1）商业折扣：商业折扣是指企业为促进商品销售而在商品标价上给予的价格扣除。企业销售商品涉及商业折扣的，应当按照扣除商业折扣后的金额确定销售收入金额。

（2）现金折扣：收入确认时不考虑现金折扣，按合同总价款全额确认收入。当现金折扣以后实际发生时，直接计入当期损益（财务费用）。

（3）销售折让：①销售折让发生在销售收入确认之前，按照商业折扣处理方法核算；②销售折让发生在销售收入已经确认之后，应直接冲减折让当期销售商品收入；③销

（续上）

售折让发生在销售收入已经确认之后，且属于资产负债表日后事项的，应当按照有关资产负债表日后事项的相关规定进行会计处理。

---

**案例三：其他业务收入的会计处理**

甲企业是制造企业。2017 年 1 月 1 日，甲企业将其一台闲置的固定资产出租给乙企业，一次性收取出租费 40 000 元，出租期限为 1 个月，款项已存入银行。

甲企业账务处理如下：

借：银行存款　　　　　　　　　　　　　　　　　　　40 000
　贷：其他业务收入　　　　　　　　　　　　　　　　　　40 000

那么如何避免进入项目填列的"雷区"呢？很多企业在填列"主营业务收入"和"其他业务收入"时，入账金额不正确，漏记、虚增、隐瞒收入等现象时有发生，所以我们一定要谨慎小心，避免进入"雷区"。

（1）入账时间提前。有的企业在月末或年末，为完成利润指标，掩饰亏损，而把应在下月或下年度入账的收入列入本期。

（2）入账时间拖后。有的企业对已实现的收入长时间不入账（尤其是现金收入）。这样，一方面会造成本年度利润不实；另一方面也容易造成个人挪用、贪污或形成"小金库"。

（3）多列或虚列固定资产出租、包装物出租等其他业务收入，从而达到虚增利润的目的。

（4）少计或不计其他业务收入（尤其是一些不经常发生的收现业务），从而达到隐瞒利润，私设"小金库"，或个人贪污、挪用的目的。

介绍完会计概念中的"收入"，接下来要介绍与之对应的"成本"。提到这个，会想到我们的生活成本。随着物价水平的上涨，每个家庭的生活成本都在翻倍提高，真的是"不算则已，一算惊人"！对于企业来说，"营业成本"也是利润表中最重要的项目之一，很多企业为了提高获利能力，从生产、管理各个环节进行科学管理，以求用最少的消耗取得最大的生产成果。因此"节约成本开支"已经成为企业一个重要的管理内容。利润表中的"成本类"项目的填列详见图3-9。

「营业成本」项目 ➤ 反映企业经营主要业务和其他业务发生的实际成本总额。本项目应当根据"主营业务成本"和"其他业务成本"账户的发生额分析填列。

**图3-9　"营业成本"的填列**

利润表中的"营业成本"项目按照"主营业务成本"与"其他业务成本"两项合计填列。下面我们通过案例具体分析"营业成本"的填列方法。

**案例一：采用预收款方式销售商品的处理**

当企业采用预收款的方式销售商品时，应在何时确认收入，结转成本？

甲公司与A公司2017年12月1日签订协议，采用预收款方式向A公司销售一批商品。该批商品的实际成本为40 000元。协议约定，该批商品销售价格为60 000元，增值税税额为10 200元；A公司应在协议签订时预付50％的货款（按销售价格计算），剩余货款于2个月之后（2018年2月1日）支付。

针对上述交易，甲公司于2017年12月1日确认销售收入60 000元，并结转成本40 000元，请问甲公司的会计处理是否正确？

答案：不正确。

解析：(1) 甲公司在收到50％的货款时，应作为"预收账款"。

| | |
|---|---|
| 借：银行存款 | 30 000 |
| 　贷：预收账款 | 30 000 |

（续上）

（2）甲公司收到剩余货款及增值税税款时。

借：预收账款　　　　　　　　　　　　　　　　　　　　　30 000
　　银行存款　　　　　　　　　　　　　　　　　　　　　40 200
　　贷：主营业务收入　　　　　　　　　　　　　　　　　60 000
　　　　应交税费——应交增值税（销项税额）　　　　　　10 200

同时结转成本：

借：主营业务成本　　　　　　　　　　　　　　　　　　　40 000
　　贷：库存商品　　　　　　　　　　　　　　　　　　　40 000

综上，甲公司在 2017 年度的利润表中，针对该项交易不应确认收入、结转成本；该项收入应在 2018 年度确认，成本也应在 2018 年度结转。

**知识点链接**

　　预收款销售方式下，销售方直到收到最后一笔款项才将商品交付给购货方，这时才表明商品所有权上的主要风险和报酬转移给购货方，企业通常应在发出商品时确认收入，在此之前预收的货款应确认为负债，通过"预收账款"账户核算。

# 第四节　如何处理与"税"相关的业务

　　企业所得税通常为 25%，净利润等于利润总额减去企业所得税的部分，所以净利润数值最低。笼统地表述利润表中的"利润"是很不科学的。

　　一个企业在生产经营活动中都会不可避免地要和税务机关打交道，而有的企业为了少交税款，往往会隐瞒收入、虚增成本，以此来减少利润，降低税负。

所以，为了不被扣上"偷税""漏税"的帽子并被罚税款，企业就需要学会"两条腿走路"，一方面合理降低税收支出，另一方面要规范自己的纳税行为，保证依法诚信纳税。

企业在生产经营活动中会涉及哪些税种呢？具体的会计核算又是如何处理的？在利润表中该怎样填列呢？下面将为大家一一讲解。

企业经营活动发生的消费税、城市维护建设税、资源税和教育费附加等相关税费，通过"税金及附加"科目核算，具体的填列方法见图3-10。

"税金及附加"项目 ➡ 反映企业经营业务应负担的消费税、城市维护建设税、资源税、土地增值税和教育费附加等。本项目应当根据"税金及附加"账户的发生额分析填列。

**图3-10　"税金及附加"账户的填列**

**温馨提示**

2016 年，《财政部关于印发〈增值税会计处理规定〉的通知》（财会〔2016〕22 号）规定：全面试行营业税改增值税后，"营业税金及附加"名称改为"税金及附加"科目，该科目用于核算企业营业活动中发生的消费税、城市建设维护税、资源税、教育费附加及房产税、土地使用税、车船税、印花税等相关税种。

全面试行营改增后，没有了营业税，也就没有了营业税的会计核算了。

计提时的账务处理

借：税金及附加
　贷：应交税费——应交城建税
　　　应交税费——应交教育费附加
　　　应交税费——应交资源税等

交纳时的账务处理

借：应交税费——应交城建税
　　应交税费——应交教育费附加
　　应交税费——应交资源税等
　贷：银行存款

企业还涉及的一个非常重要的税种就是企业所得税。

企业所得税是国家依法对企业生产经营所得征收的税，它具有强制性、固定性、无偿性，无论国家对企业是否有投资，只要企业有所得，就要依法纳税。"所得税费用"的填列方法见图3-11。

"所得税费用"项目

反映企业应从当期利润总额中扣除的所得税费用。本项目应当根据"所得税费用"账户的发生额分析填列。

**图 3-11 "所得税费用"的填列**

在这里需要向大家说明的是，"会计利润"与"应税利润"的区别：会计利润是利润表中的利润总额；而应税利润是应纳税所得额。需要在"会计利润"的基础上作纳税调整才可以得出"应纳税所得额，即：应纳税所得额=利润总额+纳税调整的增加额−纳税调整的减少额。这到底是为什么呢？

这是因为，在我国，会计的确认、计量、报告应当遵循《企业会计准则》，目的在于真实、完整地反映企业的财务状况、经营成果和现金流量等，为投资者、债权人以及其他会计信息使用者提供对决策有用的信息。而税法则以征税为目的，根据国家有关税法的规定，确定一定时期内纳税人应缴纳的税额，从所得税的角度主要是确定企业的应纳税所得额。正是由于企业的会计核算和税收处理分别遵循不同的原则、服务于不同的对象，导致了税法上的应纳税所得额往往不等于按会计方法计算的利润总额，也导致了企业一定期间按税法规定计算的当期所得税往往不等于按会计准则要求确认的所得税费用。

# 第五节 常提及的期间费用是哪些

　　看到这个标题时，大家肯定都在思考，什么是期间费用？为什么要把它称之为期间费用？期间费用是指企业日常活动所发生的，但又不能计入特定核算对象的成本，而是将它计入发生当期损益的费用。作为一家公司，购置汽车用于管理人员使用，购置车辆的款项属于固定资产，不属于期间费用。但其后续的消耗会列入期间费用，包括汽车的累计折旧，同样会计入期间费用中的管理费用中。

　　简单地理解，就是说这些费用是为企业赚取利润而发生的，但是又与特定的收入没有直接的关系。比如，企业办公大楼的租金、企业管理人员的工资等，它不能直接归属于某个特定产品成本的费用，因此，它被认为是为赚取整体收入而发生，应该在发生的当期计入损益。期间费用由三部分构成：管理费用、销售费用和财务费用。

三大期间费用，具体的核算内容"因名而异"，如图 3-12 所示。

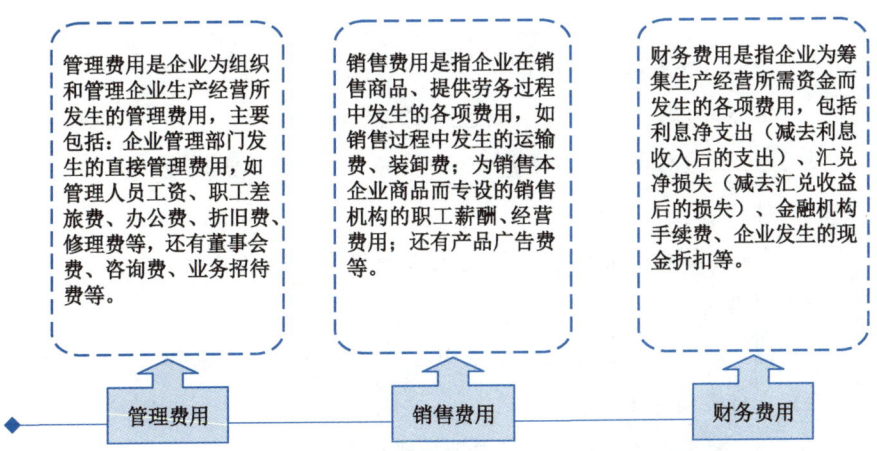

管理费用是企业为组织和管理企业生产经营所发生的管理费用，主要包括：企业管理部门发生的直接管理费用，如管理人员工资、职工差旅费、办公费、折旧费、修理费等，还有董事会费、咨询费、业务招待费等。

销售费用是指企业在销售商品、提供劳务过程中发生的各项费用，如销售过程中发生的运输费、装卸费；为销售本企业商品而专设的销售机构的职工薪酬、经营费用；还有产品广告费等。

财务费用是指企业为筹集生产经营所需资金而发生的各项费用，包括利息净支出（减去利息收入后的支出）、汇兑净损失（减去汇兑收益后的损失）、金融机构手续费、企业发生的现金折扣等。

管理费用　　　销售费用　　　财务费用

图 3-12　三大期间费用的核算内容

在利润表中填列这三大期间费用时，填列方法如图 3-13 所示。

"管理费用"项目　　　反映企业为组织和管理生产经营发生的管理费用。本项目应当根据"管理费用"账户的发生额分析填列。

"销售费用"项目　　　反映企业在销售商品过程中发生的包装费、广告费等费用和为销售本企业商品而设的销售机构的职工薪酬、业务费等经营费用。本项目应当根据"销售费用"账户的发生额分析填列。

（续图）

| "财务费用"项目 | 反映企业筹集生产经营所需资金等而发生的筹资费用。本项目应当根据"财务费用"账户的发生额分析填列。 |

**图 3-13　三大期间费用的填列**

下面，给大家举例如下：

甲公司 2017 年度 12 月份发生如下经济业务：

（1）为宣传新产品发生广告费用 150 000 元，用银行存款支付。

（2）为拓展产品销售市场发生业务招待费 80 000 元，用银行存款支付。

（3）就一项产品的设计方案向有关专家咨询，以银行存款支付咨询费 20 000 元。

（4）预提本月应负担的短期借款利息 4 000 元。

根据上述资料，进行相应的账务处理；并说明在编制利润表时，各个项目的填列金额分别是多少元？

解析：

（1）宣传新产品的广告费，应记入"销售费用"账户。

借：销售费用　　　　　　　　　　150 000

　　贷：银行存款　　　　　　　　　150 000

（2）业务招待费，应记入"管理费用"账户。

借：管理费用　　　　　　　　　　80 000

　　贷：银行存款　　　　　　　　　80 000

（3）咨询费，应记入"管理费用"账户。

借：管理费用　　　　　　　　　　20 000

　　贷：银行存款　　　　　　　　　20 000

（4）短期借款的利息费用，应记入"财务费用"账户。

借：财务费用——利息支出　　　　　　　　　4 000

　　贷：银行存款　　　　　　　　　　　　　　4 000

针对上述经济业务，在编制 2017 年度的利润表时，销售费用的填列金额为：150 000 元；管理费用的填列金额为100 000 元；财务费用的填列金额为 4 000 元。

企业在填列"期间费用"时，会犯哪些错误呢？ ⟹

1. 将不应计入期间费用的开支计入了期间费用

有的企业产品成本有严格的控制，当某种产品的宣传大于所制定的标准数时，有关的责任人可能会承担责任，如车间主任，所以为了免受处罚，就会将原本应记入"生产成本"账户的一些费用开支计入期间费用。

2. 虚列期间费用

有的员工或管理人员利用职务之便，将不属于期间费用的支出列入期间费用。比如，将高档场所的消费记入"管理费用"账户。

3. 利用期间费用隐匿销售收入，将资金占为已有

有的企业管理人员和财务人员相互勾结，将销售收入或者其他收入不记入"营业收入""投资收益"账户，而是将其计为期间费用，然后用这部分收入建立"小金库"或者私自据为已有。

# 第六节　"减""公""投"是如何影响利润总额的

在学习"基础会计"或"会计学原理"的时候，相信大家都

知道，会计信息质量的要求之一是：谨慎性。谨慎性亦称为稳健性，就是要求企业对交易或者事项进行会计确认、计量和报告时保持应有的谨慎，既不应高估资产或者收益，也不应低估费用或负债。

正是出于谨慎性的要求，需要我们每个企业在面临不确定性因素时应充分估计到各种风险和损失。例如，在年度终了时，对可能发生的各项资产损失计提的资产减值损失或跌价准备，就体现了会计信息质量的谨慎性要求。

资产减值损失是指企业在资产负债表日，经过对资产的测试，判断资产的可收回金额低于其账面价值而计提资产减值损失准备所确认的相应损失。

那么问题来了，你做好准备了吗？该计提的减值准备，你计提了吗？计提之后，在编制利润表时，你是否能够准确填列？具体详见图 3-14。

| "资产减值损失"项目 | 反映企业各项资产发生的减值损失。本项目应当根据"资产减值损失"账户的发生额分析填列。 |

图 3-14　"资产减值损失"的填列

下面，给大家举例如下。

2017 年，甲公司"坏账准备"账户有年初贷方余额 1 500 元，年末，甲公司用减值测试和账龄估计 2017 年度估计的坏账损失为 9 500 元，请问甲公司 2017 年年末应如何进行账务处理？

解析：2017 年年末，甲公司"坏账准备"账户的账面余额应为 9 500 元，但年初"坏账准备"账户有贷方余额 1 500 元，所以甲公司应计提 8 000 元。

借：资产减值损失　　　　　　　　　　　　8 000
　　贷：坏账准备　　　　　　　　　　　　　8 000

针对该项业务，甲公司在 2017 年年末编制利润表时，"资产减值损失"项目应填列的金额为 8 000 元，而不是 9 500 元。

接下来我们会讲解"公允价值变动损益"对利润总额的影响。

提到"公允价值变动损益"时，我们常常会想到"交易性金融资产"和"可供出售金融资产"这两项易混淆的金融资产。这是因为，这两项金融资产都是采用公允价值计量，但却略有不同。到底是怎样不同呢？具体详见图 3-15。

由此看来，金融资产的公允价值变动不一定都会影响营业利润，那"公允价值变动损益"项目该如何填列？具体详见图 3-16。

随着资本市场的逐步完善以及运用资金能力的日益提高，企业

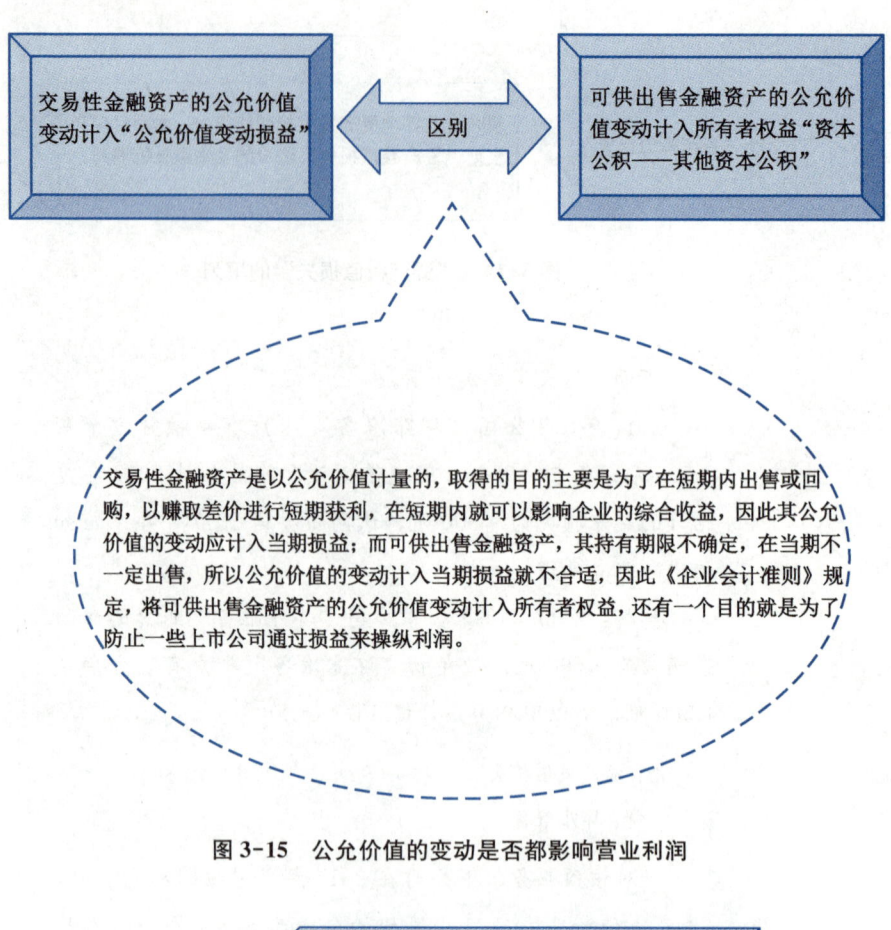

图 3-15 公允价值的变动是否都影响营业利润

交易性金融资产的公允价值变动计入"公允价值变动损益"

区别

可供出售金融资产的公允价值变动计入所有者权益"资本公积——其他资本公积"

交易性金融资产是以公允价值计量的，取得的目的主要是为了在短期内出售或回购，以赚取差价进行短期获利，在短期内就可以影响企业的综合收益，因此其公允价值的变动应计入当期损益；而可供出售金融资产，其持有期限不确定，在当期不一定出售，所以公允价值的变动计入当期损益就不合适，因此《企业会计准则》规定，将可供出售金融资产的公允价值变动计入所有者权益，还有一个目的就是为了防止一些上市公司通过损益来操纵利润。

"公允价值变动损益"项目

反映企业应当计入当期损益的资产或负债公允价值变动净收益。本项目应当根据"公允价值变动损益"账户的发生额分析填列。

图 3-16 "公允价值变动损益"的填列

的投资项目越来越多，赚取的回报也越来越可观。当然，任何投资都是有风险的，俗话说"收益越高风险越大"，就是这个道理。投资收益，通俗地讲就是企业从投资中所获得的投资报酬，它包括企业对外投资取得的利润、股利和债券利息等收入减去投资损失后的净收益。"投资收益"项目的填列方法见图 3-17。

"投资收益"项目 → 反映企业以各种方式对外投资所取得的收益。本项目应当根据"投资收益"账户的发生额分析填列。如为净损失，应以"－"号填列。

**图3-17　"投资收益"的填列**

# 第七节　营业外收、支怎么体现"营业外"

老板，我买一张彩票。

随机给你选一张。

但愿可以中奖！！！

哈哈，中了500。。。

万?

元！

也可以算咱们的一份收入！

对于意外收获，只能算是营业外收入！

　　会计人员务必要区分营业收入与营业外收入，以及营业成本与营业外支出的区别。例如，漫画中的故事，虽然500元对于主人公而言是收入，但是性质并非是正常的经营收入，而是一种非经常性发生的小概率事件。在利润表中，对于该类事件会通过营业外收、支来体现。

营业外收支是指与企业的业务经营无直接关系的收益和支出，又称为营业外损益，也是企业财务成果的组成部分。先看一下营业外收支的核算内容，详见图3-18。

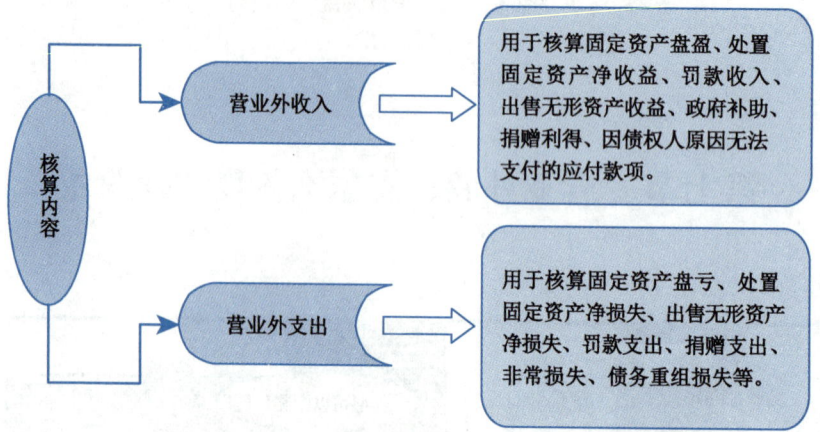

**图 3-18   营业外收支的核算内容**

你是否会混淆营业收入与营业外收入？它们两个如何区别呢？

给大家举个简单的例子：

有一位农夫，他是种稻米的。去年1年他因种稻米，获得收入10 000元，这就是"主营业务收入"；卖稻米之余，这位农夫又将稻草也化整为零处理了，获得收入3 000元，这就是"其他业务收入"；也许是老天爷看到了农夫日出而作的辛苦，很感动，有一天，农夫在地里除草时，捡到一块金子。那么，这金子就是"营业外收入"。

之前我们在学习"营业收入"时，知道了营业收入是企业日常经营活动的收入所得，需要与费用成本进行配比，也就是"有付出才有收获"，但是"营业外收入"却不是这样的，营业外收入与企业的日常经营活动没有直接关系，是偶然的，非正常因素引起的，并不是由企业经营资金所耗而得，它不需要企业付出代价，是一种纯收入，不可能也不需要与相关费用进行配比。

下面，给大家举例如下。

1. 甲公司2017年12月确定一项固定资产报废清理的净收益7 000元；同时确定一笔应付账款3 000元无法支付的款项，应予以转销。

解析：甲公司应进行账务处理如下。

（1）固定资产处置利得。

借：固定资产清理      7 000
 贷：营业外收入      7 000

（2）无法支付的应付款项。

借：应付账款       3 000
 贷：营业外收入      3 000

针对这两项交易，甲公司在编制2017年度的利润表时，"营业外收入"项目应填列的金额为10 000元。

2. 乙公司2017年12月20日用银行存款支付税收滞纳金20 000元；同时用银行存款向希望工程捐款100 000元。

乙公司应进行账务处理如下：

（1）支付滞纳金：

借：营业外支出      20 000
 贷：银行存款      20 000

（2）向希望工程的捐赠：

借：营业外支出      100 000
 贷：银行存款      100 000

针对这两项交易，乙公司在编制2017年度的利润表时，"营业外支出"项目应填列的金额为120 000元。

"营业外收支"项目的填列方法如图 3-19 所示。

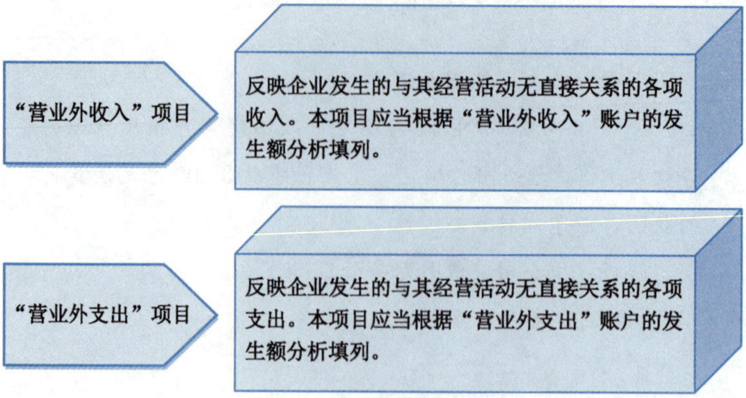

| "营业外收入"项目 | 反映企业发生的与其经营活动无直接关系的各项收入。本项目应当根据"营业外收入"账户的发生额分析填列。 |
| "营业外支出"项目 | 反映企业发生的与其经营活动无直接关系的各项支出。本项目应当根据"营业外支出"账户的发生额分析填列。 |

**图 3-19   "营业外收支"的填列**

此外，其他项目的填列方法见图 3-20。

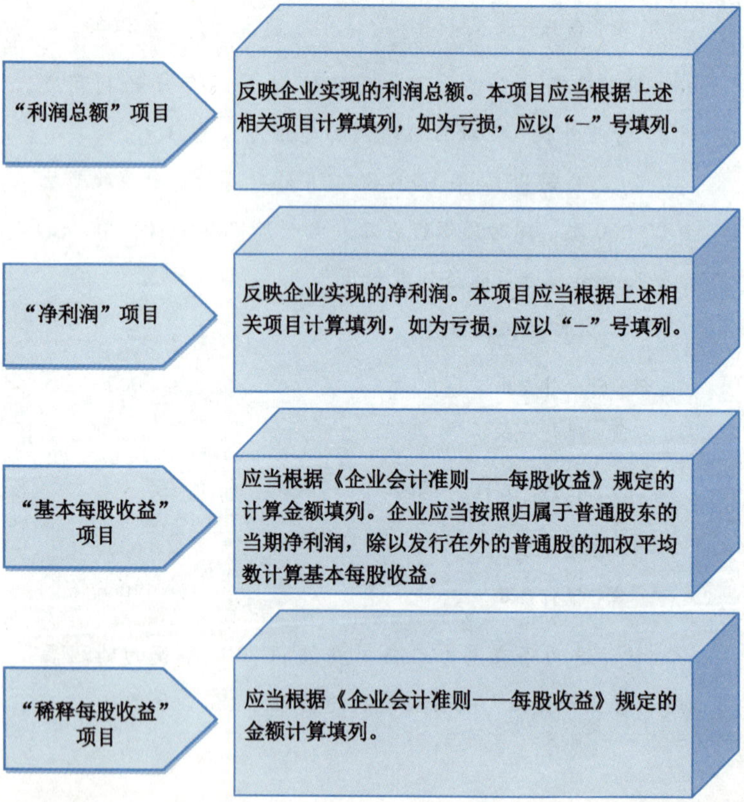

| "利润总额"项目 | 反映企业实现的利润总额。本项目应当根据上述相关项目计算填列，如为亏损，应以"－"号填列。 |
| "净利润"项目 | 反映企业实现的净利润。本项目应当根据上述相关项目计算填列，如为亏损，应以"－"号填列。 |
| "基本每股收益"项目 | 应当根据《企业会计准则——每股收益》规定的计算金额填列。企业应当按照归属于普通股东的当期净利润，除以发行在外的普通股的加权平均数计算基本每股收益。 |
| "稀释每股收益"项目 | 应当根据《企业会计准则——每股收益》规定的金额计算填列。 |

（续图）

| | |
|---|---|
| "其他综合收益"项目和"综合收益总额"项目 | "其他综合收益"项目反映企业根据《企业会计准则》规定未在损益中确认的各项利得和损失扣除所得税影响后的净额。"综合收益总额"项目反映企业净利润与其他综合收益的合计金额。 |

图 3-20　利润表"其他项目"的填列

# 第八节　如何分析企业的盈利能力

对于一个企业来说，利润表就是它的"面子"，利润表的数字越可观，企业就越有面子。那是不是企业的利润越多就越好呢？利润越大，企业的盈利能力就越强吗？带着这个问题我们来学习接下来几节的内容，通过利润表这个"面"，分析企业的盈利能力，与资产负债表相结合，分析企业的营运能力。

盈利能力是指企业获取利润的水平和能力。通过盈利能力分析，可以评价、判断企业的经营成果，分析变化原因，总结经验教训，以此来不断提高企业的获利水平。在企业财务分析中，盈利能力是核心，也是企业生存和发展的物质基础。

## 财务指标一：销售毛利率

销售毛利率的计算和分析见表3-3。

**表3-3　　　　　　销售毛利率的计算公式和分析**

| 计算公式 | 分　　析 |
|---|---|
| 销售毛利率＝销售毛利÷销售收入×100％<br>其中：销售毛利＝销售收入－销售成本 | 销售毛利率越高，表明产品的盈利能力越强。将销售毛利率与行业水平进行比较，可以反映企业产品的市场竞争地位。 |

## 财务指标二：主营业务利润率

主营业务利润率的计算公式和分析见表3-4。

**表3-4　　　　　　主营业务利润率的计算公式和分析**

| 计算公式 | 分　　析 |
|---|---|
| 主营业务利润率＝主营业务利润÷主营业务收入×100％ | 主营业务利润率是指企业一定时期主营业务利润同主营业务收入的比率，它表明企业每单位主营业务收入能带来多少主营业务利润，反映了企业主营业务的获利能力，是评价企业经营效益的主要指标。 |

主营业务利润是企业全部利润中最为重要的部分，是影响企业整体经营成果的主要因素。该指标体现了企业主营业务利润对利润总额的贡献，是企业经营活动最基本的获利能力，没有足够大的主营业务利润率就无法形成企业的最终利润。该指标越大，说明企业的主营业务市场竞争力越强，发展潜力越大，获利水平越高。

## 财务指标三：销售净利率

销售净利率的计算公式和分析见表 3-5。

**表 3-5** 销售净利率的计算公式和分析

| 计算公式 | 分　　析 |
|---|---|
| 销售净利率＝净利润÷销售收入×100％ | 该指标反映 1 元的销售收入带来的净利润是多少。销售净利润率反映公司销售收入的盈利水平。销售净利润率比较高或提高，说明公司的获利能力较高或提高。 |

　　一般企业在扩大销售的同时，由于销售费用、管理费用等也在大幅增加，企业的净利润并不一定会同比例增长，有时甚至会出现负增长，因此盲目扩大生产和销售规模未必会为企业带来真正的收益。所以通过分析销售净利率的增减变动，可以促使企业在扩大销售的同时，改进经营管理，提升盈利水平。

## 财务指标四：总资产净利率

总资产净利率的计算公式和分析见表 3-6。

**表 3-6** 总资产净利率的计算公式和分析

| 计算公式 | 分　　析 |
|---|---|
| 总资产净利率＝净利润÷平均总资产×100％（平均总资产是企业资产总额年初数与年末数的平均值） | 总资产净利率是企业一定时期内获得的净利润与平均资产总额的比率，该指标表示企业包括净资产和负债在内的全部资产的总体获利能力，是评价企业资产营运效益的重要指标。 |

　　总资产净利率表示企业全部资产获取收益的水平，全面反映了企业的获利能力和投入产出状况。该指标越高，表明企业投入产出

的水平越高、企业的全部资产的总体营运效益越高。

## 财务指标五：净资产收益率

净资产收益率的计算公式和分析见表3-7。

**表3-7**　　　　**净资产收益率的计算公式和分析**

| 计算公式 | 分　　析 |
|---|---|
| 净资产收益率＝净利润÷平均净资产×100％（平均净资产是企业年初所有者权益与年末所有者权益的平均数） | 净资产收益率是企业一定时期内的净利润与平均净资产的比率，该指标充分体现了投资者投入企业的自有资本获取收益的能力，突出反映了投资与报酬的关系，是评价企业资本经营效益的核心指标。 |

净资产收益率是评价企业自有资本及其积累获取报酬水平的最具综合性和代表性的指标，充分反映了企业资本营运的综合效益。该指标通用性强，适用范围广，不受行业局限，是国际上企业综合评价中使用率非常高的一个指标。

通过对该指标的综合对比分析，可以看出企业获利能力在同行业中所处的地位，以及与同类企业的差异水平。

一般认为，企业净资产收益率越高，企业自有资本获取收益的能力越强，运营效益越好，对企业投资人、债权人的利润保证程度越高。如果企业的净资产收益率在一段时期内持续增长，说明资本盈利能力稳定上升。

# 第九节　企业的"周转速度"快不快

一个企业周转速度的快慢，就是指一个企业的营运能力。营运能力是指通过资产周转速度有关的指标来反映企业资产利用的效率。营运能力分析是指对企业总资产或部分资产的运行效率和周转情况所进行的分析。

通过资产周转的分析，可以评价企业营业收入与各项营运资产是否保持合理的关系，考察企业运用各项资产效率的高低，进而挖掘资金潜力，提高资金的使用效率。

## 财务指标一：应收账款周转率

应收账款周转率的计算公式与分析见表3-8。

表3-8　　　　　应收账款周转率的计算公式与分析

| 计算公式 | 分析 |
|---|---|
| 应收账款周转次数＝销售收入÷应收账款平均余额<br>应收账款周转天数＝计算期天数÷应收账款周转次数 | 通常，应收账款周转次数越高、周转天数越短表明应收账款管理效率越高。<br>【提示】应收账款包括会计报表中"应收账款"和"应收票据"等全部赊销账款在内，因为应收票据是销售形成的应收款项的另一种形式；应收账款应为未扣除坏账准备的金额。 |

通过对应收账款周转率的分析，能为我们提供哪些有效信息呢？详见图 3-21。

应收账款周转率反映了企业应收账款的流动速度，即企业本年度内应收账款转换为现金的次数。

由于应收账款在流动资产中占较大的份额，及时收回应收账款，能够减少营运资金在应收账款上的呆滞占用，从而提高企业资金的利用效率。本指标的目的在于促进企业通过制定合理的赊销政策、严格销货合同管理、及时结算等途径加强应收账款的前后期管理，加快应收账款的回收速度，活化企业营运资金。

**图 3-21　应收账款周转率分析**

下面，给大家举例如下。

甲企业 2016—2017 年销售收入、应收账款平均余额见表 3-9。

**表 3-9　　2016—2017 年销售收入和应收账款平均余额**

单位：元

| 项目 | 2016 年 | 2017 年 |
|---|---|---|
| 销售收入 | 1 000 000 | 1 500 000 |
| 应收账款平均余额 | 500 000 | 450 000 |

根据应收账款周转率＝销售收入÷应收账款平均余额，可得：

2016 年应收账款周转率＝1 000 000÷500 000＝2

2017 年应收账款周转率＝1 500 000÷450 000＝3.33

2017 年应收账款周转率较 2016 年提高了 1.33 次，主要是由于应收账款平均占用降低 50 000 元（500 000－450 000），降低率为 10%，以及销售收入增加 500 000 元（1 500 000－1 000 000），增长率为 50%由这两个因素引起，表明甲企业销售收入增加的同时应收账款管理水平有所提高。

## 财务指标二：存货周转率

存货周转率的计算公式和分析见表 3-10。

**表 3-10　　存货周转率的计算公式和分析**

| 计算公式 | 分　析 |
| --- | --- |
| 存货周转次数＝销售成本÷存货平均余额<br>存货周转天数＝计算期天数÷存货周转次数 | 一般情况下，存货周转速度越快，存货占用水平越低，流动性越强，也就是说，企业销售顺畅，存货转化为现金或应收账款的速度就越快，这样会增强企业的短期偿债能力及盈利能力。分析时还应综合考虑进货批量、生产销售的季节性变动等。 |

通过对存货周转率的分析，又能为我们提供哪些有效信息呢？详见图 3-22。

存货周转率用于反映企业存货的流动性及存货资金占用量是否合理。

工商企业，尤其是商业企业，存货在流动资产中所占比重相当大，所以必须重视存货周转率的分析研究。该指标针对存货管理中存在的问题，促使企业在保证生产经营连续性的同时，提高资金的使用效率，增强企业的短期偿债能力。存货周转率在反映存货周转速度、存货占用资金的同时，在一定程度上也反映了企业销售实现的快慢。

**图 3-22　存货周转率的分析**

下面，给大家举例分析如下。

乙企业2016—2017年营业成本、存货平均余额见表3-11。

**表3-11　2016—2017年营业成本和存货平均余额**

单位：元

| 项目 | 2016年 | 2017年 |
|------|--------|--------|
| 营业成本 | 960 000 | 1 200 000 |
| 存货平均余额 | 400 000 | 600 000 |

根据存货周转率＝销售收入÷存货平均余额，可得：

2016年存货周转率＝960 000÷400 000＝2.4

2017年存货周转率＝1 200 000÷600 000＝2

2017年存货周转率较2016年降低，主要是由于存货平均占用增加了200 000元（600 000－400 000），增长率为50％，以及营业成本增加240 000元（1 200 000－960 000），增长率为25％由这两个原因引起，表明乙企业除需要进一步扩大产品销售，降低存货外，还应降低产品成本，提高存货管理水平和盈利水平。

## 财务指标三：流动资产周转率

流动资产周转率的计算公式和分析见表3-12。

**表3-12　　流动资产周转率的计算公式和分析**

| 计算公式 | 分　析 |
|----------|--------|
| 流动资产周转次数＝销售收入÷流动资产平均余额<br>流动资产周转天数＝计算期天数÷流动资产周转次数 | 一般情况下，该指标越高，表明企业流动资产周转速度越快，利用越好。在较快的周转速度下，流动资产会相对节约，其意义相当于流动资产投入的扩大，在某种程度上增强了企业的盈利能力；而周转速度较慢，则需补充流动资金参加周转，形成资金浪费，降低企业的盈利能力。 |

通过对流动资产周转率的分析，是否也能为我们提供有效信息呢？详见图 3-23。

流动资产周转率用于反映企业流动资产的周转速度，可以揭示企业资产的质量。

通过对该指标的分析对比，一方面可以促进企业加强内部管理，充分有效地利用流动资产，如降低成本、调动暂时闲置的货币资金用于短期投资获取收益；另一方面可以促进企业采取措施扩大销售，提高流动资产的综合使用效率。

图 3-23　流动资产周转率的分析

## 财务指标四：固定资产周转率

固定资产周转率的计算公式和分析见表 3-13。

表 3-13　　固定资产周转率的计算公式和分析

| 计算公式 | 分析 |
| --- | --- |
| 固定资产周转次数＝销售收入÷固定资产平均均值 | 固定资产周转率高，说明企业固定资产投资得当，结构合理，利用效率高；反之，如果固定资产周转率不高，则表明固定资产利用效率不高，提供的生产成果不多，企业的营运能力不强。 |

## 财务指标五：总资产周转率

总资产周转率的计算公式和分析见表 3-14。

**表 3-14    总资产周转率的计算公式和分析**

| 计算公式 | 分　　析 |
|---|---|
| 总资产周转次数＝销售收入÷资产平均总额 | 这一比率用来衡量企业资产整体的使用效率。总资产由各项资产组成，在销售收入既定的情况下，总资产周转率的驱动因素是各项资产。一般情况下，该指标越高，周转速度越快，资产利用效率越高。 |

通过对总资产周转率的分析，能为我们提供什么有效信息呢？详见图 3-24。

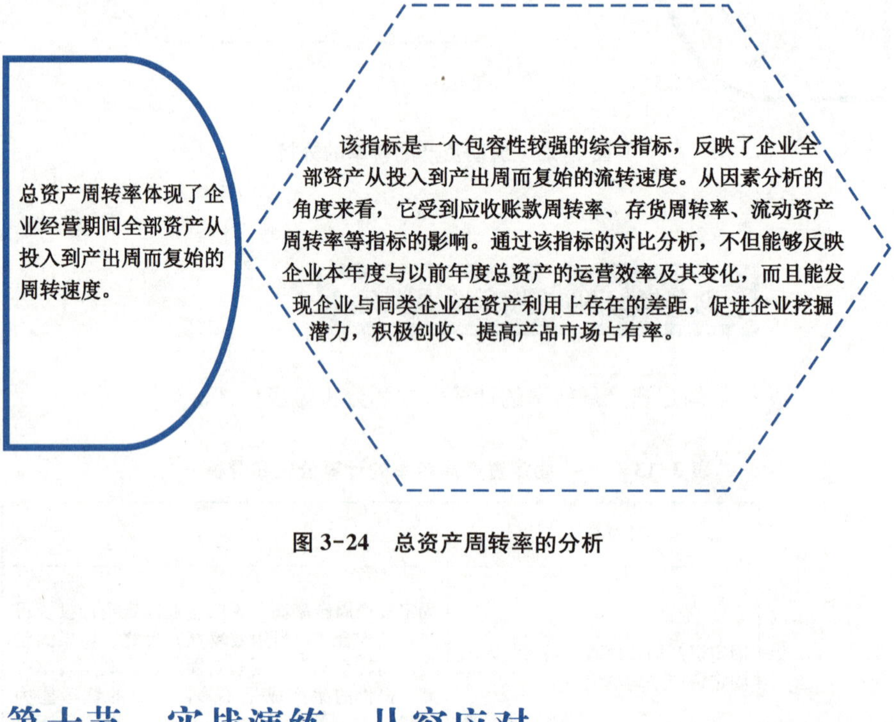

总资产周转率体现了企业经营期间全部资产从投入到产出周而复始的周转速度。

该指标是一个包容性较强的综合指标，反映了企业全部资产从投入到产出周而复始的流转速度。从因素分析的角度来看，它受到应收账款周转率、存货周转率、流动资产周转率等指标的影响。通过该指标的对比分析，不但能够反映企业本年度与以前年度总资产的运营效率及其变化，而且能发现企业与同类企业在资产利用上存在的差距，促进企业挖掘潜力，积极创收、提高产品市场占有率。

**图 3-24    总资产周转率的分析**

# 第十节　实战演练，从容应对

通过以上内容的学习，我们基本能够掌握了利润表编制的方法，以及具体各个项目的"填列方法"，下面就让我们进入"实战演练"模式，学以致用吧。

甲公司为增值税一般纳税企业，销售的产品为应纳增值税产品，增值税税率为 17%，产品销售价格中不含增值税税额。产品销售成本按经济业务逐笔结转。所得税税率为 25%。甲公司 2017 年度发生了如下的经济业务：

（1）向乙公司销售 A 产品一批，产品的销售价格为 535 000 元，产品成本为 305 000 元，产品已经发出，并开出增值税专用发票，已经向银行办理了托收手续。

（2）年末，根据债务人的财务状况和偿债能力，对应收账款计提了 20 000 元的坏账准备。

（3）采用预收款方式销售商品，2016 年 12 月 10 日收到第一笔货款 10 000 元，已存入银行。

（4）收到乙公司的产品退货。该退货系甲公司 2016 年 5 月份售出的，售出时售价为 2 000 元，成本为 1 750 元，该笔销售的货款当时已存入银行。甲公司用银行存款支付退货款，退回的产品已验收合格并入库，并已按照规定开具了红字增值税专用发票。

（5）年末，甲公司持有的交易性金融资产的公允价值为 41 000 元，期初的账面价值为 40 000 元。

（6）计提一笔长期借款利息 3 000 元。

（7）用银行存款支付发生的管理费用 5 000 元，销售费用 2 000 元。

（8）销售出票应交的城市建设维护税 1 400 元，应交的教育费附加 600 元。

（9）因自然灾害，导致价值 3 050 元的原材料毁损。

（10）有一个固定资产因使用寿命到期而报废，报废清理的净收益 7 000 元。

针对上述交易分析甲公司的账务处理，并编制 2017 年度利润表。

解析：甲公司的账务处理如下：

（续上）

（1）向乙公司销售 A 产品并结转销售成本。

借：应收账款　　　　　　　　　　　　625 950
　　贷：主营业务收入　　　　　　　　　535 000
　　　　应交税费——应交增值税（销项税额）　90 950

借：主营业务成本　　　　　　　　　　305 000
　　贷：库存商品　　　　　　　　　　305 000

（2）计提坏账准备。

借：资产减值损失　　　　　　　　　　20 000
　　贷：坏账准备　　　　　　　　　　20 000

（3）采用预收款方式销售商品存入银行。

借：银行存款　　　　　　　　　　　　10 000
　　贷：预收账款　　　　　　　　　　10 000

（4）销售退回。

借：主营业务收入　　　　　　　　　　2 000
　　应交税费——应交增值税（销项税额）　340
　　贷：银行存款　　　　　　　　　　2 340

借：库存商品　　　　　　　　　　　　1 750
　　贷：主营业务成本　　　　　　　　1 750

（5）持有的交易性金融资产公允价值发生变动。

借：交易性金融资产——公允价值变动　1 000
　　贷：公允价值变动损益　　　　　　1 000

（6）计提一笔长期借款利息。

借：财务费用　　　　　　　　　　　　3 000
　　贷：应付利息　　　　　　　　　　3 000

（7）用银行存款支付管理费用、销售费用。

借：管理费用        5 000

  销售费用        2 000

  贷：银行存款        7 000

（8）计提相关税金及附加。

借：税金及附加        2 000

  贷：应交税费——应交城市维护建设税  1 400

    应交税费——应交教育费附加   600

（9）原材料因自然灾害损失。

借：营业外支出        3 050

  贷：待处理财产损溢      3 050

（10）固定资产报废净收益。

借：固定资产清理       7 000

  贷：营业外收入       7 000

多步式利润表的编制分为以下三步：

第一步：计算营业利润。

营业利润＝营业收入（535 000－2 000）－营业成本（305 000－1 750）－税金及附加2 000－资产减值损失20 000－期间费用（3 000＋5 000＋2 000）＋公允价值变动损益（贷方余额）1 000＝198 750（元）

第二步：计算利润总额。

利润总额＝营业利润198 750＋营业外收入7 000－营业外支出3 050＝202 700（元）

第三步：计算净利润。

净利润＝利润总额202 700－所得税费用（202 700×25%）＝152 025（元）

甲公司编制的 2017 年度利润表如表 3-15 所示。

**表 3-15** **利　润　表**

会企 02 表

编制单位：甲公司　　　　　　　2017 年　　　　　　　单位：元

| 项　　目 | 行次 | 本年金额 | 上年金额 |
|---|---|---|---|
| 一、营业收入 | 1 | 533 000 | （略） |
| 减：营业成本 | 2 | 303 250 | |
| 　税金及附加 | 3 | 2 000 | |
| 　销售费用 | 4 | 2 000 | |
| 　管理费用 | 5 | 5 000 | |
| 　财务费用（收益以"—"号填列） | 6 | 3 000 | |
| 　资产减值损失 | 7 | 20 000 | |
| 加：公允价值变动净收益（净损失以"—"号填列） | 8 | 1 000 | |
| 　投资净收益（净损失以"—"号填列） | 9 | | |
| 二、营业利润（亏损以"—"号填列） | 10 | 198 750 | |
| 加：营业外收入 | 11 | 7 000 | |
| 减：营业外支出 | 12 | 3 050 | |
| 　其中：非流动资产处置净损失（净收益以"—"号填列） | 13 | | |
| 三、利润总额（亏损总额以"—"号填列） | 14 | 202 700 | |
| 减：所得税 | 15 | 50 675 | |
| 四、净利润（净亏损以"—"号填列） | 16 | 152 025 | |
| 五、每股收益： | 17 | | |
| （一）基本每股收益 | 18 | | |
| （二）稀释每股收益 | 19 | | |

# 第四章

## 现金流量表是"日子"，靠现金来过"日子"

现金流量表是企业的"日子"，它意味着企业手中实际现金有多少，分别来自哪里，具体用到何方，企业的日常经营就是靠现金流量来过"日子"的。有利润的企业不一定"日子"就好过，利润只是纸上财富，我们不应被企业的纸上繁荣所迷惑、误导，企业现金流量下降就是其经营竞争能力与管理存在问题的早期信号，所以我们应学会通过现金流量表来评判企业的"日子"过得好不好……

# 第一节　为什么要编制现金流量表

　　现金流对于企业，就犹如血液和氧气对于我们每个人，失去了立命之本，再精妙的管理方法也会付诸东流。一味盲目叫嚣企业资产几许，利润几何，而忽略现金管理的企业，终究逃不了一个命运——那就是凯恩斯所说的"最后我们都会死去"。

在不同人眼中，现金真的很重要！

老百姓说：手中有钱，心中不慌。
企业家说：生命比盈利更重要。
债权人说：现金性资产最有信誉。
投资者说：现金流量最实惠。

那企业的现金流量表到底是啥呢？企业为什么要编制现金流量表？

现金流量表是反映企业在一定会计期间现金和现金等价物流入和流出的会计报表，它是以现金为基础编制的企业财务状况变动表。

企业已经有了资产负债表、利润表了，难道还需要再编制现金流量表吗？当然需要！资产负债表、利润表、现金流量表，他们是分别从不同角度来反映企业的财务状况、经营成果和现金流量的，而且关键是资产负债表、利润表不能全面反映会计报表使用者所需要的全部信息，这样现金流量表就"应用而生"了（详见图4-1）。

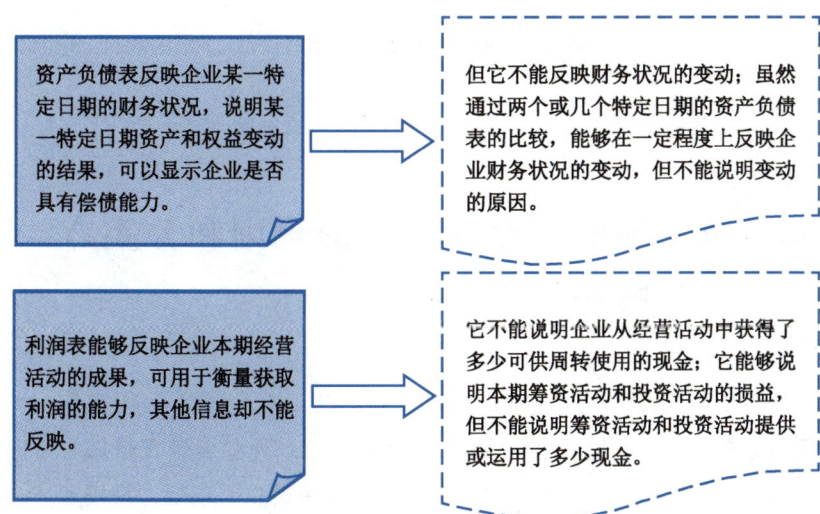

资产负债表反映企业某一特定日期的财务状况，说明某一特定日期资产和权益变动的结果，可以显示企业是否具有偿债能力。

但它不能反映财务状况的变动；虽然通过两个或几个特定日期的资产负债表的比较，能够在一定程度上反映企业财务状况的变动，但不能说明变动的原因。

利润表能够反映企业本期经营活动的成果，可用于衡量获取利润的能力，其他信息却不能反映。

它不能说明企业从经营活动中获得了多少可供周转使用的现金；它能够说明本期筹资活动和投资活动的损益，但不能说明筹资活动和投资活动提供或运用了多少现金。

而编制现金流量表可以为会计报表使用者提供企业一定会计期间内现金和现金等价物流入和流出的信息，以便于会计报表使用者了解和评价企业获取现金和现金等价物的能力，并据以预测企业未来的现金流量。

**图 4-1  现金流量表"应用而生"**

那现金流量表到底有哪些作用呢？详见图 4-2。

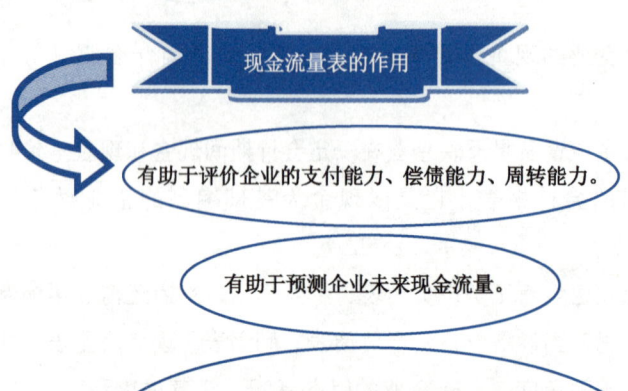

现金流量表的作用

有助于评价企业的支付能力、偿债能力、周转能力。

有助于预测企业未来现金流量。

有助于分析企业收益质量及影响现金流量的因素，掌握企业经营活动、投资活动、筹资活动的现金流量，可以从现金流量角度了解企业净利润的质量。

**图 4-2  现金流量表"的作用**

# 第二节  编制现金流量表的规则和分类有哪些

之前我们已经学习了编制资产负债表的"游戏规则"，同样的道理，编制现金流量表也有它的"游戏规则"。现金流量表是按照收付实现制的原则编制的，是以现金及现金等价物为基础，将权责发生制下的财务信息调整为收付实现制下的现金流量信息。

通常利润表中的营业收入与现金流量表中经营活动中收到的现金之间是有差别的，并不是说企业收到多少现金就有多少收入。这就是编制资产负债表、利润表和现金流量表的区别，资产负债表、利润表遵循的是权责发生制，而现金流量表遵循的是收付实现制。它们之间的区别见图4-3。

"现银"，就是企业的现金流量，它是可以分类的。

我国《企业会计准则——现金流量表》将企业的业务活动按其发生的性质分为经营活动、投资活动、筹资活动，为了在现金流量表中反映企业在一定时期内现金净流量变动的原因，相应地将企业一定期间内产生的现金流量归为以下三类，详见图4-4。

# 权责发生制

# 收付实现制

权责发生制也称应计制。权责发生制要求：凡是当期已经实现的收入和已经发生的成本或应负担的费用，无论款项是否支付，都应当作为当期的收入和费用，计入利润表；凡不属于当期的收入和费用，即使款项已在当期支付，也不应作为当期的收入费用。

我国会计准则第九条规定：企业会计的确认、计量和报告应当以权责发生制为基础。

收付实现制也称现金制。收付实现制是与权责发生制相对应的一种会计基础。它是以收到现金或支付现金作为确认收入和费用等的依据。在这种会计基础下，凡在本期实际收到的现金(包括银行存款)的收入，不论其应否归属于本期，均应作为本期的收入处理；凡在本期实际以现金（包括银行存款）付出的费用，不论其应否在本期收入中取得补偿，均应作为本期的费用处理。

| 比较项目 | 权责发生制 | 收付实现制 |
|---|---|---|
| 确认标准不同 | 以应收应付为标准确认本期收入与本期成本。 | 以实收实付为标准确认本期收入与本期成本。 |
| 对损益的影响不同 | 可以使本期的收入和费用进行合理的配比，进而能够准确地确认本期损益。 | 不能使本期的收入与费用进行合理配比，不能准确地计算确认本期损益。 |
| 账务处理的繁简不同 | 对经济业务的账务处理程序比较复杂。 | 对经济业务的账务处理程序比较简单。 |

**图 4-3　权责发生制与收付实现制的区别**

| 经营活动产生的现金流量 | 经营活动产生的现金流量一般包括销售商品或提供劳务、经营性租赁、购买货物、接受劳务、制造产品、广告宣传、推销产品、缴纳税款等产生的现金流入与流出。 |
| --- | --- |
| 投资活动产生的现金流量 | 企业长期资产的构建和不包括在现金等价物范围内的投资及其处置活动，包括实物资产的投资和非实物资产的投资，主要有购建及处置固定资产、无形资产等长期资产过程中产生的现金流入与流出。 |
| 筹资活动产生的现金流量 | 筹资活动产生的现金流量主要是指导致企业资本及债务规模发生变化的活动所产生的现金流量，主要包括吸收投资、发行股票、分配利润、发行债券、偿还债务等过程中产生的现金流入与流出。 |

**图 4-4 现金流量的分类**

那么经营活动、投资活动、筹资活动产生的现金流量，即现金流入与现金流出又分别有哪些具体的内容呢？详见图 4-5、图 4-6 和图 4-7。

| 现金流入量 | 现金流出量 |
| --- | --- |
| 1. 销售商品、提供劳务收到的现金。<br>2. 收到的税收返还。<br>3. 收到的其他与经营活动有关的现金。 | 1. 购买商品、接受劳务支付的现金。<br>2. 支付给职工以及为职工支付的现金。<br>3. 支付的各项税费。<br>4. 支付其他与经营活动有关的现金。 |

**图 4-5 经营活动产生的现金流量**

| 现金流入量 | 现金流出量 |
| --- | --- |
| 1. 收回投资收到的现金。<br>2. 取得投资收益收到的现金。<br>3. 处置固定资产、无形资产和其他长期资产收回的现金净额。<br>4. 收到其他与投资活动有关的现金。 | 1. 购建固定资产、无形资产和其他长期资产支付的现金。<br>2. 投资支付的现金。<br>3. 支付其他与投资活动有关的现金。 |

**图 4-6 投资活动产生的现金流量**

| 现金流入量 | 现金流出量 |
|---|---|
| 1. 吸收投资收到的现金。<br>2. 取得借款收到的现金。<br>3. 收到其他与筹资活动有关的现金。 | 1. 偿还债务支付的现金。<br>2. 分配股利、利润或偿付利息支付的现金。<br>3. 支付其他与筹资活动有关的现金。 |

**图4-7　筹资活动产生的现金流量**

"汇率变动对现金及现金等价物的影响"项目

　　本项目反映企业外币现金流量以及境外子公司的现金流量折算为人民币时，采用现金流量发生日的即期汇率或按照系统合理的方法确定的、与现金流量发生日即期汇率近似的汇率折算的人民币金额与"现金及现金等价物净增加额"中的外币现金净增加额按照期末汇率折算的人民币金额之间的差额。

# 第三节　工作底稿法的编制方法是什么

　　编制现金流量表可是一项"技术活"，"技术活"就需要运用技术方法来完成，那具体的技术方法有哪些呢？企业在编制现金流量表时，可根据业务量的大小及复杂程度，采用这三种"技术方法"，分别是：

工作底稿法　　T形账户法　　分析填列法

本节首先介绍一下工作底稿法，详见图4-8。

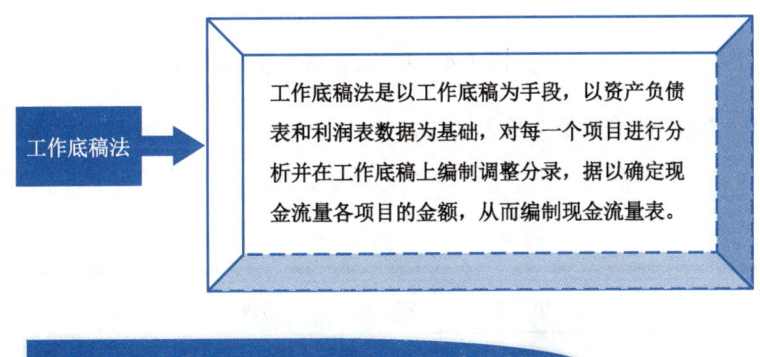

（续图）

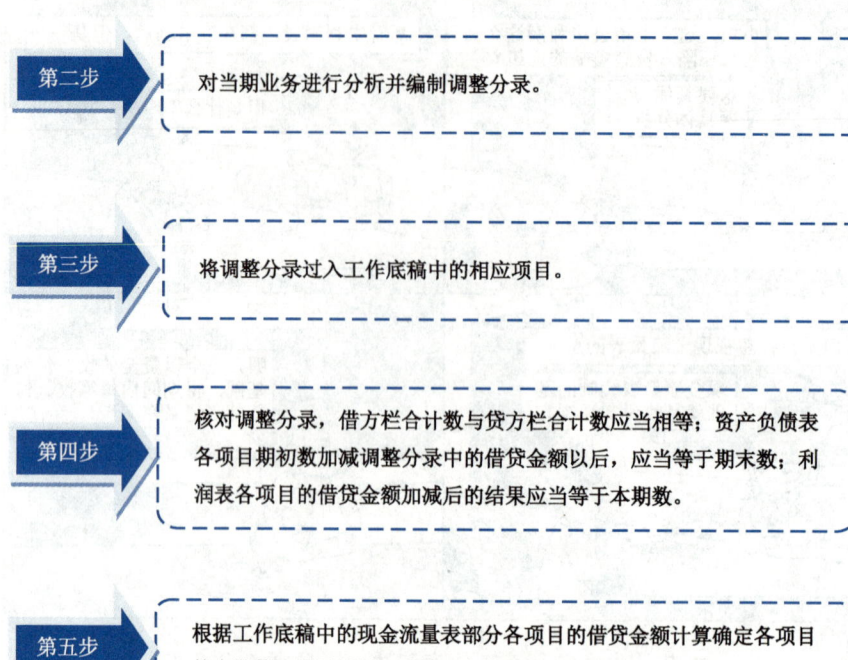

第二步　对当期业务进行分析并编制调整分录。

第三步　将调整分录过入工作底稿中的相应项目。

第四步　核对调整分录，借方栏合计数与贷方栏合计数应当相等；资产负债表各项目期初数加减调整分录中的借贷金额以后，应当等于期末数；利润表各项目的借贷金额加减后的结果应当等于本期数。

第五步　根据工作底稿中的现金流量表部分各项目的借贷金额计算确定各项目的本期数，据以编制正式的现金流量表。

**图 4-8　工作底稿法及其编制步骤**

工作底稿的格式纵向分为三段，分别是：资产负债表项目、利润表项目、现金流量表项目。横向分为五栏。图 4-9 是工作底稿的简单格式。

| 第一栏 | 第二栏 | 第三栏 | 第四栏 | 第五栏 |
|---|---|---|---|---|
| 项目 | 期初数 | 调整分录 | | 期末数 |
| | | 借方 | 贷方 | |
| | | | | |
| | | | | |
| | | | | |
| | | | | |

| 第一栏 | 第一栏，为项目栏，分别填资产负债表项目、利润表项目、现金流量表项目。 |

| 第二栏 | 第二栏，为期初数栏，在资产负债表部分，填列资产负债表各项目的期初数；利润表、现金流量表部分，第二栏空置不填(因为它们没有期初数)。 |

| 第三栏 | 第三栏，为调整分录的借方栏。 |

| 第四栏 | 第四栏，为调整分录的贷方栏。 |

| 第五栏 | 第五栏，为本期数，资产负债表部分，填列资产负债表项目的期末数；利润表部分这一栏数字应和本期利润表数字一致；现金流量表部分，这一栏的数字根据相应项目的借方、贷方栏的数据计算确定，用于编制正式的现金流量表。 |

**图 4-9　工作底稿的简单格式**

刚才讲述了工作底稿法的编制方法，接下来简单介绍一下 T 形账户法的编制方法，详见图 4-10。

T形账户法　→　T形账户法是以T形账户为手段，以利润表和资产负债表数据为基础，对每一项目进行分析并编制调整分录，从而编制现金流量表。

采用T形账户法编制现金流量表的程序如下：

第一步　为所有非现金项目（包括资产负债表项目和利润表项目）分别开设 T 形账户，并将各自的期末期初变动数过入该账户。

第二步　开设一个大的"现金及现金等价物" T 形账户，账户左右两边各分为经营活动、投资活动、筹资活动三个部分，左边记现金流入，右边记现金流出，并与其他账户一样，过入期末期初变动数。

第三步　以利润表项目为基础，结合资产负债表分析每一个非现金项目的增减变动，并据此编制调整分录。

第四步　将调整分录过入各 T 形账户，并进行核对，该账户借贷相抵后的余额与原先过入的期末期初变动数应当一致。

第五步　根据大的"现金及现金等价物" T 形账户编制正式的现金流量表。

图 4-10　T 形账户法及其编制步骤

　　至于分析填列法，是直接根据资产负债表、利润表和有关会计账户明细记录，分析计算出现金流量表中各项目的金额，并据以编制现金流量表的一种方法。

# 第四节　不同活动下现金流量表如何填列

　　我们先学习经营活动产生的现金流量的编制方法，详见图 4-11。

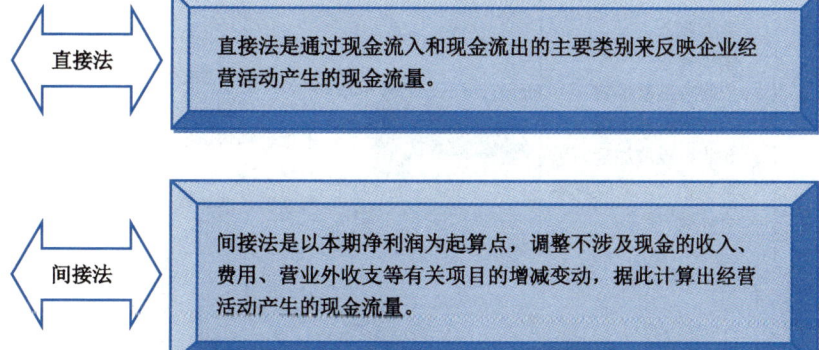

图 4-11　经营活动产生的现金流量编制方法

直接法下，企业经营活动产生的现金流量各项目的编制方法如下。

1. "销售商品、提供劳务收到的现金"项目

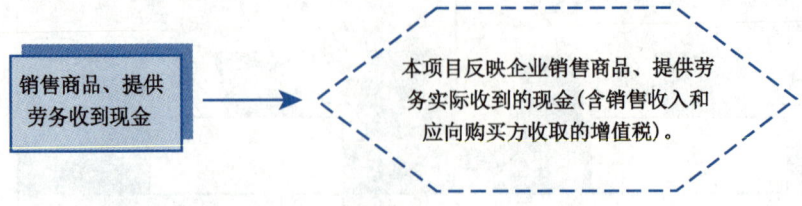

销售商品、提供劳务收到现金 → 本项目反映企业销售商品、提供劳务实际收到的现金（含销售收入和应向购买方收取的增值税）。

# 特别注意

该项目包括本期销售商品、提供劳务收到的现金，以及前期销售和前期提供劳务本期收到的现金和本期预收的账款，减去本期退回销售的商品和前期销售本期退回的商品支付的现金。

但由于企业的商品销售和劳务供应往往并非都是现金交易，应当加上应收账款与应收票据的减少数，或减去应收账款与应收票据的增加数；企业有预收款业务的，还应加上预收账款的增加数，或减去预收账款的减少数。所以计算公式如下：

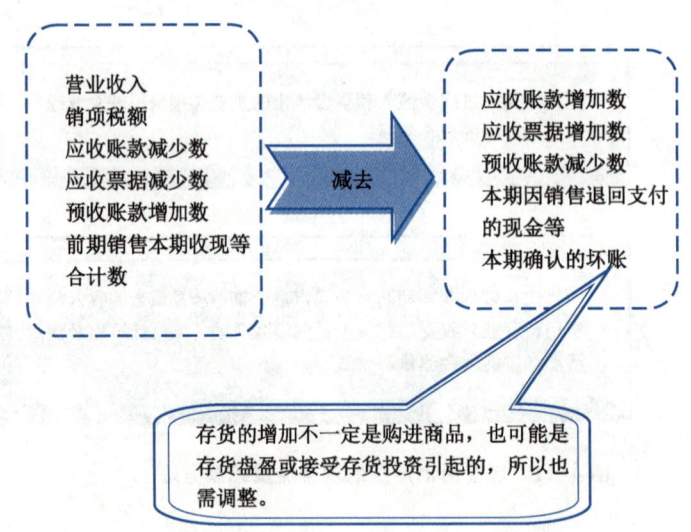

营业收入
销项税额
应收账款减少数
应收票据减少数
预收账款增加数
前期销售本期收现等
合计数

减去

应收账款增加数
应收票据增加数
预收账款减少数
本期因销售退回支付的现金等
本期确认的坏账

存货的增加不一定是购进商品，也可能是存货盘盈或接受存货投资引起的，所以也需调整。

2. "收到的税费返还" 项目

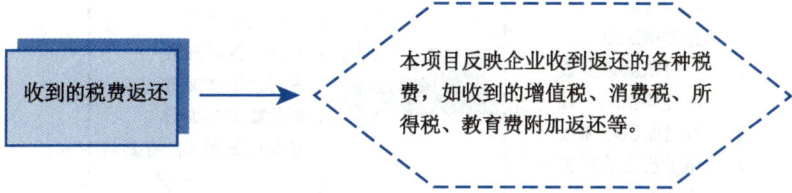

收到的税费返还 → 本项目反映企业收到返还的各种税费，如收到的增值税、消费税、所得税、教育费附加返还等。

3. "收到其他与经营活动有关的现金" 项目

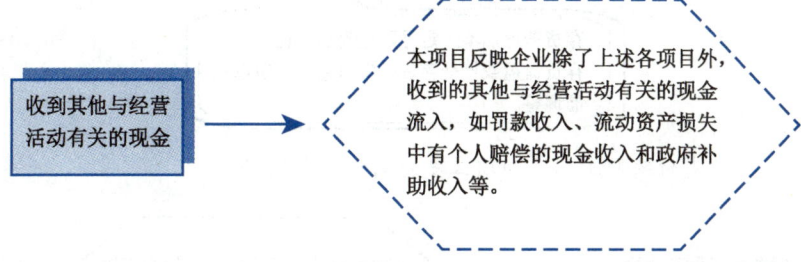

收到其他与经营活动有关的现金 → 本项目反映企业除了上述各项目外，收到的其他与经营活动有关的现金流入，如罚款收入、流动资产损失中有个人赔偿的现金收入和政府补助收入等。

4. "购买商品、接受劳务支付的现金" 项目

购买商品、接受劳务支付的现金 → 本项目反映企业购买商品、接受劳务实际支付的现金（含支付的增值税进项税额）。

# 特别注意

　　本期购进商品成本并不等于本期购进商品支付的现金，因为可能存在赊购商品或预付货款的情形，所以应当加上应付账款与应付票据的减少数，或减去应付账款与应付票据的增加数；还应加上预付账款的增加数，减去预付账款的减少数。

　　就商品流通企业而言，营业成本与购买商品并无直接关系，所以要确定本期购进商品的成本，还应在营业成本的基础上加上存货的增加数或减去存货的减少数。

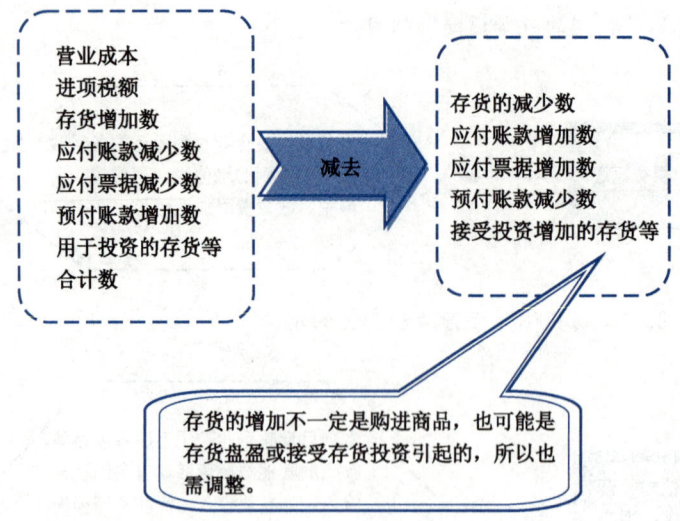

营业成本
进项税额
存货增加数
应付账款减少数
应付票据减少数
预付账款增加数
用于投资的存货等
合计数

减去

存货的减少数
应付账款增加数
应付票据增加数
预付账款减少数
接受投资增加的存货等

存货的增加不一定是购进商品，也可能是存货盘盈或接受存货投资引起的，所以也需调整。

5."支付给职工以及为职工支付的现金"项目

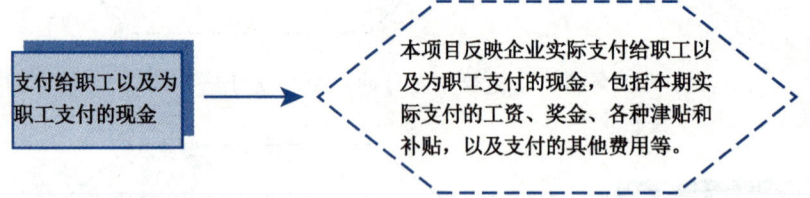

支付给职工以及为职工支付的现金

本项目反映企业实际支付给职工以及为职工支付的现金，包括本期实际支付的工资、奖金、各种津贴和补贴，以及支付的其他费用等。

# 特别注意

　　这里不包括支付给离退休人员的各项费用和支付给在建工程人员的工资。企业支付给离退休人员的各项费用在"支付的其他与经营活动有关的现金"项目中反映；支付给在建工程人员的工资，在投资活动产生的现金流量部分的"购建固定资产、无形资产和其他长期资产所支付的现金"项目反映。

　　6."支付的各项税费"项目

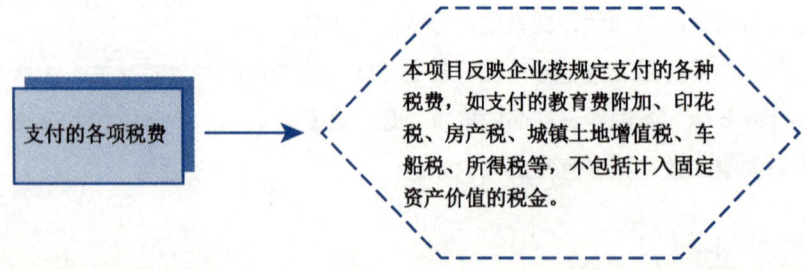

支付的各项税费

本项目反映企业按规定支付的各种税费，如支付的教育费附加、印花税、房产税、城镇土地增值税、车船税、所得税等，不包括计入固定资产价值的税金。

7."支付其他与经营活动有关的现金"项目

支付其他与经营
活动有关的现金 → 本项目反映企业除上述各项目外，支付的其他与经营活动有关的现金，如罚款支出、支付的差旅费、业务招待费、支付的保险费等。

接下来，我们学习投资活动产生的现金流量。

**投资活动产生的现金流量的编制方法**

1."收回投资收到的现金"项目

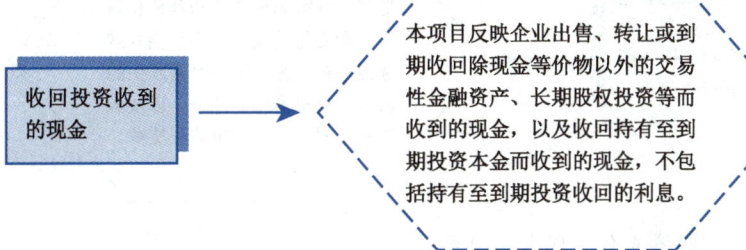

收回投资收到
的现金 → 本项目反映企业出售、转让或到期收回除现金等价物以外的交易性金融资产、长期股权投资等而收到的现金，以及收回持有至到期投资本金而收到的现金，不包括持有至到期投资收回的利息。

2."取得投资收益收到的现金"项目

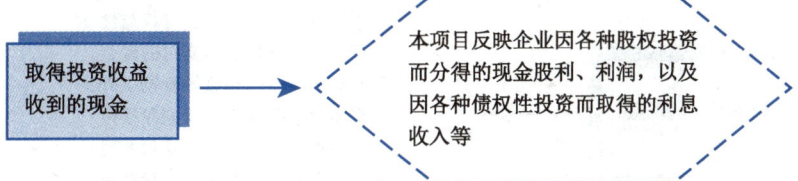

取得投资收益
收到的现金 → 本项目反映企业因各种股权投资而分得的现金股利、利润，以及因各种债权性投资而取得的利息收入等

3."处置固定资产、无形资产和其他长期资产收回的现金净额"项目

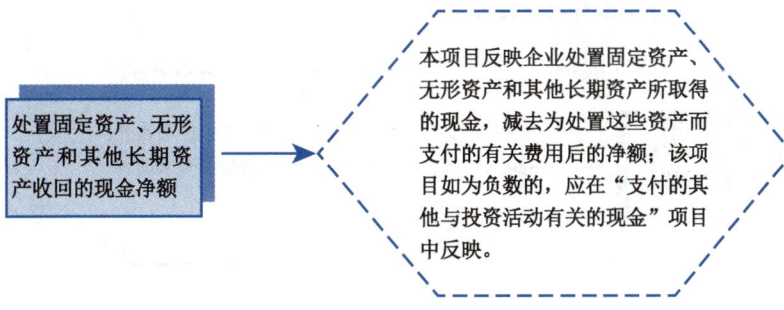

处置固定资产、无形资产和其他长期资产收回的现金净额 → 本项目反映企业处置固定资产、无形资产和其他长期资产所取得的现金，减去为处置这些资产而支付的有关费用后的净额；该项目如为负数的，应在"支付的其他与投资活动有关的现金"项目中反映。

4. "收到其他与投资活动有关的现金" 项目

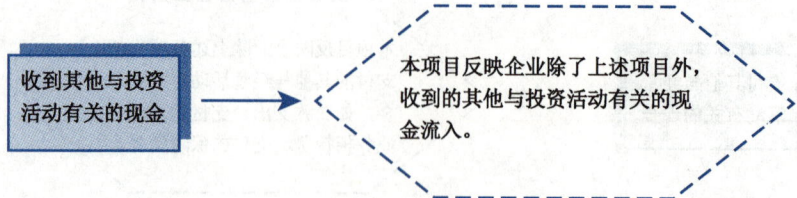

收到其他与投资活动有关的现金

本项目反映企业除了上述项目外，收到的其他与投资活动有关的现金流入。

5. "购建固定资产、无形资产和其他长期资产支付的现金" 项目

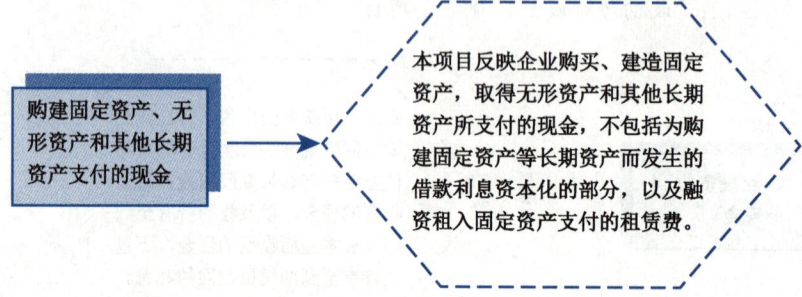

购建固定资产、无形资产和其他长期资产支付的现金

本项目反映企业购买、建造固定资产，取得无形资产和其他长期资产所支付的现金，不包括为购建固定资产等长期资产而发生的借款利息资本化的部分，以及融资租入固定资产支付的租赁费。

6. "投资支付的现金" 项目

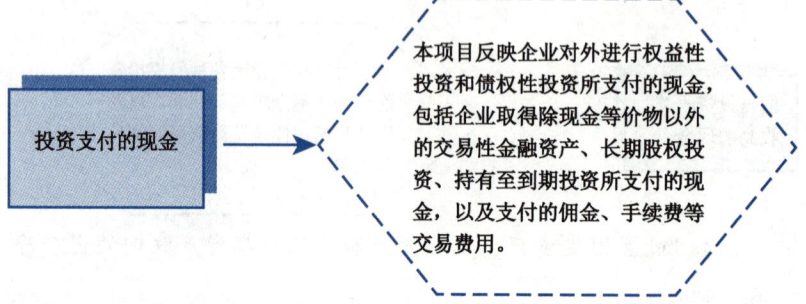

投资支付的现金

本项目反映企业对外进行权益性投资和债权性投资所支付的现金，包括企业取得除现金等价物以外的交易性金融资产、长期股权投资、持有至到期投资所支付的现金，以及支付的佣金、手续费等交易费用。

7. "支付其他与投资活动有关的现金" 项目

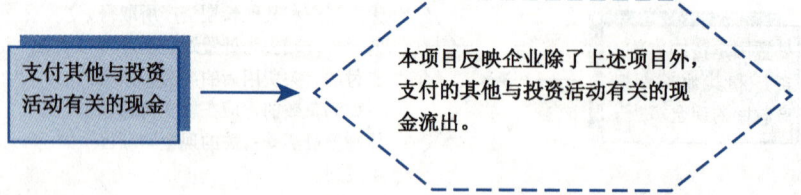

支付其他与投资活动有关的现金

本项目反映企业除了上述项目外，支付的其他与投资活动有关的现金流出。

最后，我们来学习筹资活动产生的现金流量的编制方法。

筹资活动产生的现金流量的编制方法

1.“吸收投资收到的现金”项目

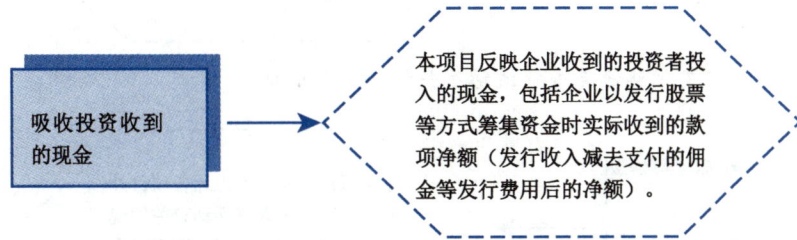

吸收投资收到
的现金

本项目反映企业收到的投资者投
入的现金，包括企业以发行股票
等方式筹集资金时实际收到的款
项净额（发行收入减去支付的佣
金等发行费用后的净额）。

2.“取得借款收到的现金”项目

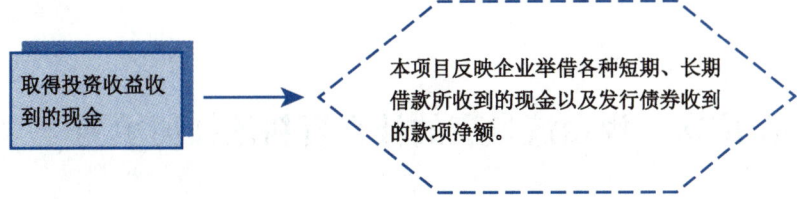

取得投资收益收
到的现金

本项目反映企业举借各种短期、长期
借款所收到的现金以及发行债券收到
的款项净额。

3.“收到其他与筹资活动有关的现金”项目

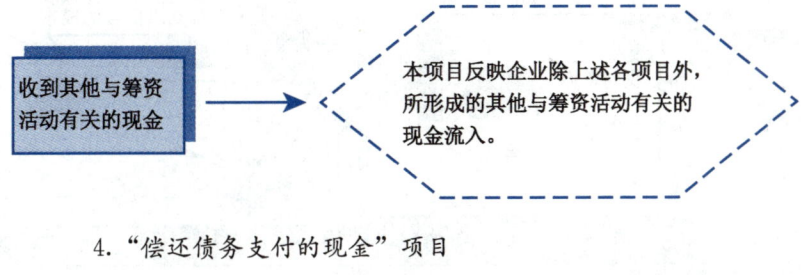

收到其他与筹资
活动有关的现金

本项目反映企业除上述各项目外，
所形成的其他与筹资活动有关的
现金流入。

4.“偿还债务支付的现金”项目

偿还债务支付
的现金

本项目反映企业以现金偿还债务
的本金，包括偿还金融企业的借
款本金、偿还债券本金等所导致
的现金流出。

5."分配股利、利润或偿付利息支付的现金"项目

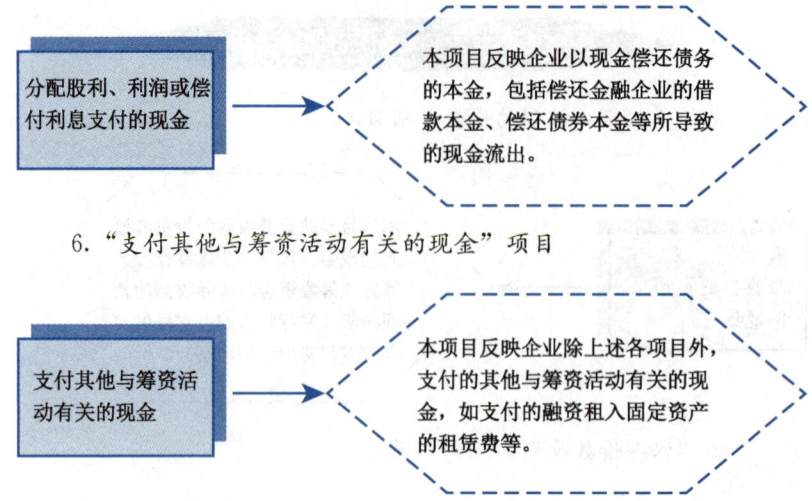

分配股利、利润或偿付利息支付的现金

本项目反映企业以现金偿还债务的本金，包括偿还金融企业的借款本金、偿还债券本金等所导致的现金流出。

6."支付其他与筹资活动有关的现金"项目

支付其他与筹资活动有关的现金

本项目反映企业除上述各项目外，支付的其他与筹资活动有关的现金，如支付的融资租入固定资产的租赁费等。

# 第五节　现金流量表的补充资料该如何填列

现金流量表的补充资料由三部分构成，见图 4-12。

图 4-12　现金流量表的补充资料

现金流量表补充资料详见表 4-1。

表 4-1　　　　　　　　　　　现金流量表补充资料

单位：元

| 项　　　目 | 本年金额 | 上年金额 |
|---|---|---|
| 1. 将净利润调节为经营活动现金流量： | | |
| 净利润 | | |
| 加：资产减值准备 | | |
| 　固定资产折旧、油气资产折耗、生产性生物资产折旧 | | |
| 　无形资产摊销 | | |
| 　长期待摊费用摊销 | | |
| 　待摊费用减少（增加以"－"号填列） | | |
| 　预提费用增加（减少以"－"号填列） | | |
| 　处置固定资产、无形资产和其他长期资产的损失（收益以"－"号填列） | | |
| 　固定资产报废损失（收益以"－"号填列） | | |
| 　公允价值变动损失（收益以"－"号填列） | | |
| 　财务费用（收益以"－"号填列） | | |
| 　投资损失（收益以"－"号填列） | | |
| 　递延所得税资产减少（增加以"－"号填列） | | |
| 　递延所得税负债增加（减少以"－"号填列） | | |
| 　存货的减少（增加以"－"号填列） | | |
| 　经营性应收项目的减少（增加以"－"号填列） | | |
| 　经营性应付项目的增加（减少以"－"号填列） | | |

（续表）

| 项　　目 | 本年金额 | 上年金额 |
|---|---|---|
| 其他 | | |
| 经营活动产生的现金流量净额 | | |
| 2. 不涉及现金收支的重大投资和筹资活动： | | |
| 债务转为资本 | | |
| 一年内到期的可转换公司债券 | | |
| 融资租入固定资产 | | |
| 3. 现金及现金等价物净变动情况： | | |
| 现金的期末余额 | | |
| 减：现金的期初余额 | | |
| 加：现金等价物的期末余额 | | |
| 减：现金等价物的期初余额 | | |
| 现金及现金等价物净增加额 | | |

　　现金流量表补充资料中的"将净利润调节为经营活动的现金流量"是以间接法计算的经营活动的现金流量。

　　间接法是以利润表中的净利润为起点，调整确定经营活动产生的现金流量。在利润表中反映的净利润是按权责发生制确定的，要将净利润调节为经营活动产生的现金流量，具体需要调整的项目有四大类，见图4-13。

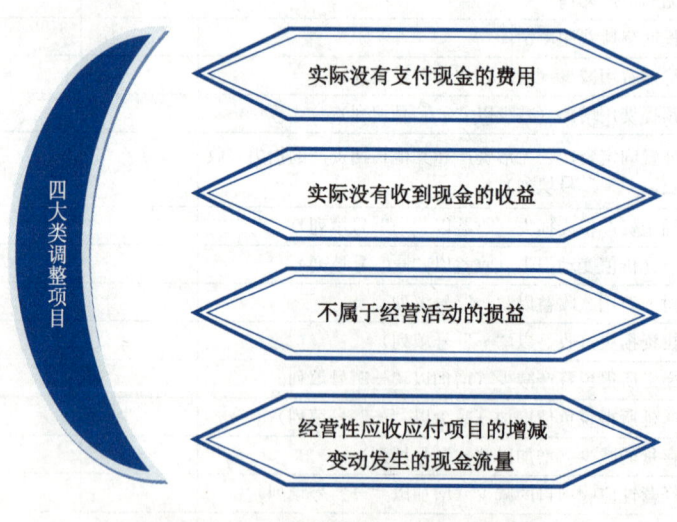

图4-13　间接法需要调整的四大项目

下面帮助大家具体讲解一下，有哪些项目需要调整，以及调整方法，详见图4-14、图4-15和图4-16。

将净利润调节为经营活动的现金流量需要调整的项目

"资产减值准备"项目

反映企业本期计提扣除转回的各项资产的减值准备。本项目可根据"资产减值损失"账户的记录分析填列。

"固定资产折旧"项目

反映企业本期计提的折旧。本项目可根据"累计折旧"账户的贷方发生额分析填列。

"无形资产摊销"项目

反映企业本期摊入成本费用的无形资产的价值。本项目可根据"累计摊销"账户的贷方发生额分析填列。

"长期待摊费用摊销"项目

反映企业本期摊入成本费用的长期待摊费用。本项目可根据"长期待摊费用"账户贷方发生额分析填列。

"处置固定资产、无形资产和其他长期资产的损失（减：收益）"项目

反映企业本期由于处置固定资产、无形资产和其他长期资产而发生的净损失。本项目可根据"营业外收入""营业外支出"等账户所属明细账户的记录分析填列；如为净收益，以"－"号填列。

图4-14  调整项目及其调整方法（一）

"固定资产报废损失"项目

反映企业本期固定资产报废的净损失。本项目可根据"营业外支出""营业外收入"账户所属明细账户中的记录分析填列。

"公允价值变动损失"项目

反映企业本期公允价值变动净损失。本项目可根据利润表中的"公允价值变动收益"项目的数字填列，如为净收益，以"－"号填列。

"财务费用"项目

反映企业本期发生的不属于经营活动的财务费用。本项目可根据"财务费用"账户的本期借方发生额分析填列，如为收益，以"－"号填列。

"投资损失（减：收益）"项目

反映企业本期投资所发生的损失减去收益后的净损失。本项目可根据利润表中"投资收益"项目的数字填列，如为投资收益，以"－"号填列。

"存货的减少（减：增加）"项目

反映企业本期存货的减少（减增加）。本项目可根据资产负债表中"存货"项目的期初、期末余额的差额填列；期末数大于期初数的差额，以"－"号填列。如果存货的增减变化过程属于投资活动，如在建工程领用存货，应当将这一因素剔除。

"递延所得税资产减少"和"递延所得税负债增加"项目

分别反映企业本期递延所得税资产减少和递延所得税负债增加，可分别根据资产负债表"递延所得税资产"和"递延所得税负债"项目的期初、期末余额的差额填列。"递延所得税资产"期末数小于期初数的差额，及"递延所得税负债"的期末数大于期初数的差额，以正数填列；反之，以"－"号填列。

图 4-15　调整项目及其调整方法（二）

"经营性应收项目的减少（减：增加）"项目　反映企业本期经营性应收项目（包括应收账款、应收票据和其他应收款等应收项目中与经营活动有关的部分及应收的增值税销项税等）的期初余额与期末余额的差额。期末数大于期初数差额，以"－"号填列。

"经营性应付项目的增加（减：减少）"项目　反映企业本期经营性应付项目（包括应付账款、应付票据、应交税费、其他应付款等应付项目中与经营活动有关的部分以及应付的增值税进项税额等）期初余额与期末余额的差额。期末数小于期初数的，以"－"号填列。

图 4-16　调整项目及其调整方法（三）

下面通过举例帮助大家理解。

固定资产折旧／无形资产摊销　企业在计提固定资产折旧，以及无形资产摊销时，可能计入"管理费用""销售费用"等账户，进而影响净利润，但并没有支付现金，不影响经营活动的现金流量，这就属于"没有实际支付现金的费用"，所以应当在净利润的基础上将其再加回来。

经营性应收项目的增加／经营性应付项目的减少　经营性应收项目的增加，或经营性应付项目的减少，会使得净利润增加，但这并不影响经营活动的现金流量，所以在调节净利润时，应减去经营性应收项目的增加、经营性应付项目的减少。

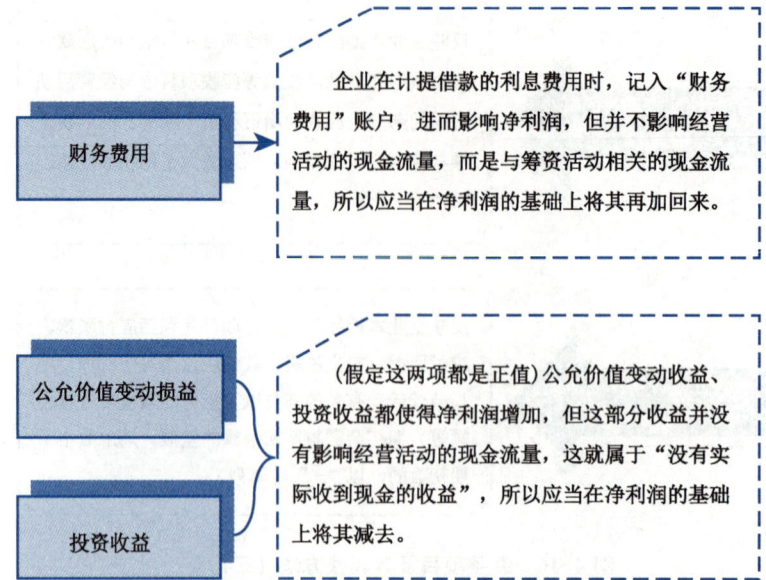

财务费用

企业在计提借款的利息费用时，记入"财务费用"账户，进而影响净利润，但并不影响经营活动的现金流量，而是与筹资活动相关的现金流量，所以应当在净利润的基础上将其再加回来。

公允价值变动损益

投资收益

（假定这两项都是正值）公允价值变动收益、投资收益都使得净利润增加，但这部分收益并没有影响经营活动的现金流量，这就属于"没有实际收到现金的收益"，所以应当在净利润的基础上将其减去。

除了现金流量表中一些常用的项目需要给予重视外，还有诸如"不涉及现金收支的重大投资和筹资活动"和"现金及现金等价物净变动情况"，也是不可忽视的项目。

我们先介绍一下"不涉及现金收支的重大投资和筹资活动"。

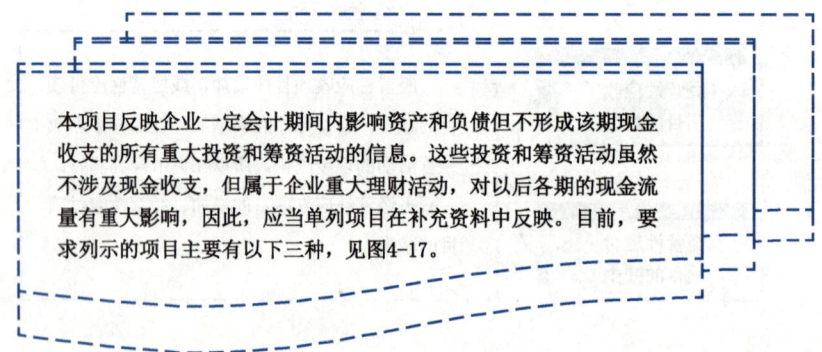

本项目反映企业一定会计期间内影响资产和负债但不形成该期现金收支的所有重大投资和筹资活动的信息。这些投资和筹资活动虽然不涉及现金收支，但属于企业重大理财活动，对以后各期的现金流量有重大影响，因此，应当单列项目在补充资料中反映。目前，要求列示的项目主要有以下三种，见图4-17。

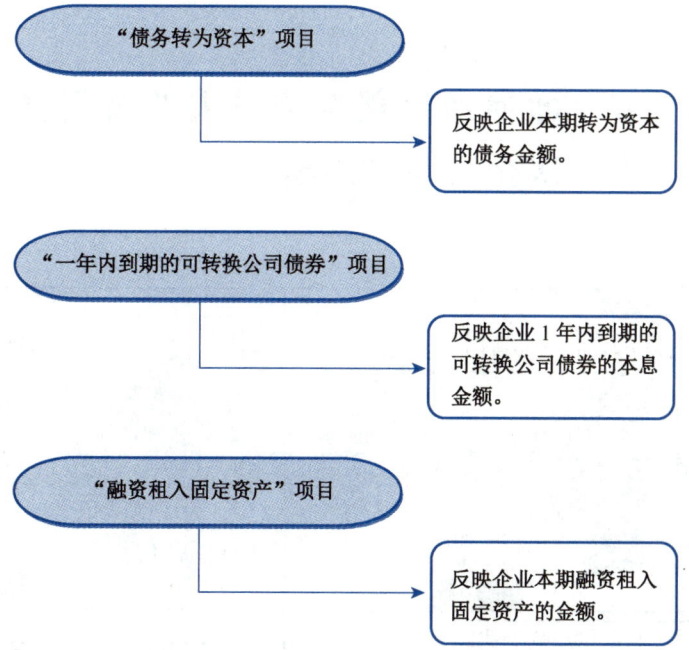

图 4-17 需要在补充资料中单独列示的项目

除了"不涉及现金收支的重大投资和筹资活动"项目之外，"现金及现金等价物净变动情况"也需要如实填写。

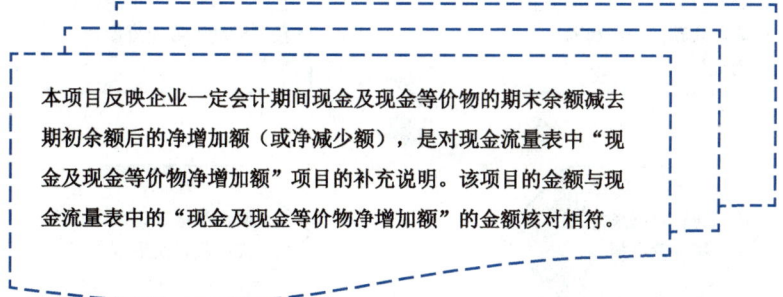

本项目反映企业一定会计期间现金及现金等价物的期末余额减去期初余额后的净增加额（或净减少额），是对现金流量表中"现金及现金等价物净增加额"项目的补充说明。该项目的金额与现金流量表中的"现金及现金等价物净增加额"的金额核对相符。

## 第六节　如何通过现金流量表给公司做一次全方位"透析"

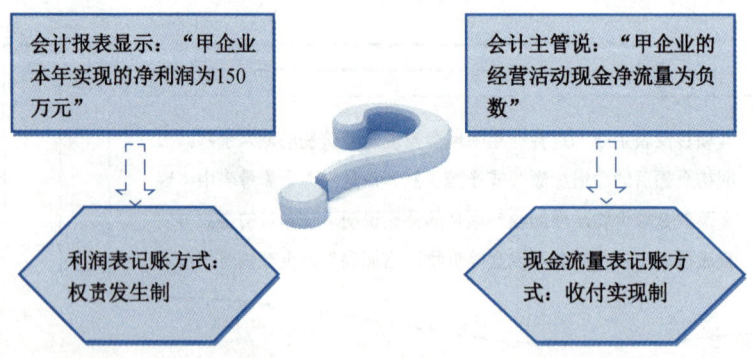

（1）净利润是采用权责发生制会计原则计算的企业经营成果。

（2）经营活动现金净流量是采用收付实现制计算的企业经营成果。

（3）收入、费用的产生与实际发生的现金收支之间产生了一个时间差。

（4）净利润只是潜在的现金，而经营活动现金净流量是企业在经营过程中实际发生的现金净流入或现金净流出。

现金流量表作为企业会计报告的重要组成部分，是反映企业"血液循环"——现金及现金等价物的增减及变化状况的动态报表，它能从"现金流"这一关键循环系统表达出资产负债表和利润表所不能表达的信息，接下来我们就给现金流量表做一个深入的"透析"，来看看现金流量表是如何更为客观有效地评价企业的偿债能力、盈利能力和支付能力。

## 财务指标一：销售现金比率

销售现金比率的计算公式和分析见表4-2。

表4-2　　　　销售现金比率的计算公式和分析

| 计算公式 | 分　析 |
| --- | --- |
| 销售现金比率＝经营活动现金流量净额÷销售收入 | 该比率反映每元销售收入得到的经营现金流量净额，其数值越大越好，表明企业的收入质量越好，资金利用效果越好。 |

下面，给大家举例如下。

甲企业2016年度经营活动现金净流额为2 800万元，2017年度的销售收入为10 000万元。

（续上）

> 则根据销售现金比率＝经营活动现金流量净额÷销售收入，可得：
>
> 　　甲企业的销售现金比率＝2 800÷10 000＝0.28，说明每销售1元，可得到0.28元的现金，其数值越大，表明企业销售收入变现能力越强，资金回笼速度越快，企业可运作的资金越充盈。

## 财务指标二：每股营业现金净流量

每股营业现金净流量的计算公式与分析见表4-3。

**表4-3　　　每股营业现金净流量的计算公式与分析**

| 计算公式 | 分　析 |
|---|---|
| 每股现金净流量比率＝经营活动现金流量净额÷普通股股数 | 该指标是指本期现金净流量与股本总额的比值，反映企业分派现金股利的能力；指标为正数且越大，企业派发现金股利的期望值就越大，若为负值，表明企业派发股利的压力较大，可能需要借款派发股利。 |

　　由于现金流量的计算一般不涉及权责发生制，相应地，要想在现金流量上造假，是很容易被发现的。比如企业年底为了所谓的"盈利"，粉饰利润表，往往会利用虚假的合同来虚构销售，以"签合同"为名义，要"签出利润"来，但现金流量是实实在在的，是"签不出来的"。这样就会暴露出企业企图操纵利润，虚增收入的问题。

　　因此，利用每股营业现金净流量来分析企业的获利能力，会比分析每股收益更客观，因为它剔除了部分人为因素的干扰，可以说每股营业现金净流量是分析一个企业获利能力的质量指标。

全部资产现金回收率的计算公式和分析见表4-4。

表4-4　　　全部资产现金回收率的计算公式和分析

| 计算公式 | 分析 |
| --- | --- |
| 资产现金回收率＝经营活动现金流量净额÷平均总资产<br>平均总资产＝（期初资产总额＋期末资产总额）÷2 | 该指标说明企业全部资产产生现金的能力。指标越大，说明企业的资产利用效果越好，整个企业获取现金的能力就越强，经营管理水平也就越高；反之，则说明经营管理水平越低。 |

下面，给大家举例如下。

甲企业2017年度经营活动现金净流额为2 800万元，2017年年初资产总额为37 000万元，2017年年末资产总额为48 000万元（假设同行业平均全部资产现金回收率为8.3%）。

则根据全部资产现金回收比率＝经营活动现金流量净额÷平均资产总额，可得：甲企业的全部资产现金回收比率＝2 800÷（37 000＋48 000）÷2＝2 800÷42 500＝6.59%，低于行业平均水平，表明甲企业全部资产产生现金的能力较弱。

# 第七节　实战演练，从容应对

学到这里，相信大家已经基本上掌握了现金流量表主表及其补充资料的编制方法了吧？下面就让我们进入"实战演练"模式，看我们是否能够从容应对……

## 演练项目一　经营活动现金流量

A公司2017年有关会计报表和补充资料如下。

（1）资产负债表部分资料，见表4-5。

表4-5　　　　　　　资产负债表部分资料　　　　单位：万元

| 项目 | 年初余额 | 期末余额 |
|------|----------|----------|
| 应收票据 | 450 | 480 |
| 应收账款 | 360 | 320 |
| 预收款项 | 100 | 200 |
| 存货 | 9 760 | 7 840 |
| 应付票据 | 750 | 890 |
| 应付账款 | 670 | 540 |

（2）利润表部分资料，见表4-6。

表4-6　　　　　　　　利润表部分资料

| 项　　目 | 本期金额 |
|----------|----------|
| 营业收入 | 50 000 |
| 营业成本 | 26 500 |

（3）补充资料。①本期计提坏账准备10万元；②本期增值税的销项税额为8 500万元，本期增值税的进项税额为465万元；③"营业成本"项目中包括计提车间折旧费50万元，分配生产车间工人薪酬130万元；④"存货"项目中包括计提车间折旧费20万元，分配生产车间工人薪酬80万元。

要求：根据上述资料，不考虑其他因素，请分别考虑A公司2017年度现金流量表中：

(1)"销售商品、提供劳务收到的现金"项目的填列金额为多少万元?

(2)"购买商品、接受劳务支付的现金"项目的填列金额为多少万元?

解析:销售商品、提供劳务收到的现金＝营业收入＋应交税费－应交增值税(销项税额)＋应收项目减少数－应收项目增加数＋预收账款增加数－当期计提的坏账准备。

购买商品、接受劳务支付的现金＝营业成本＋应交税费——应交增值税(进项税额)－存货减少数＋应付项目减少数－应付项目增加数＋预付款项减少数－当期列入生产成本、制造费用的职工薪酬－当期列入生产成本、制造费用的折旧费。

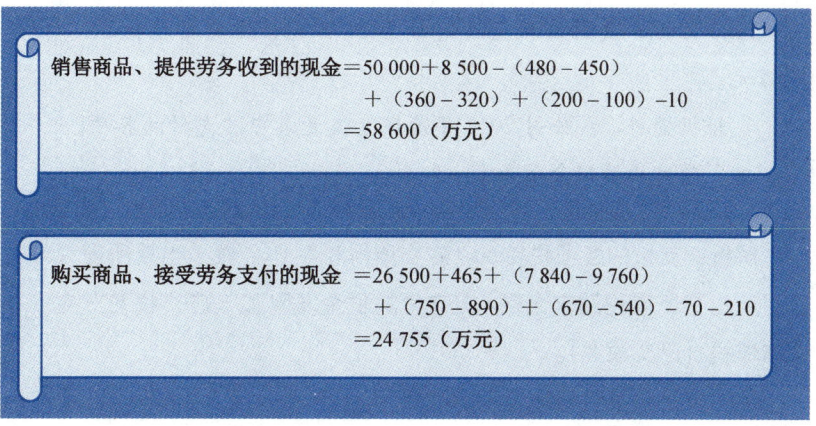

销售商品、提供劳务收到的现金＝50 000＋8 500－(480－450)
＋(360－320)＋(200－100)－10
＝58 600(万元)

购买商品、接受劳务支付的现金＝26 500＋465＋(7 840－9 760)
＋(750－890)＋(670－540)－70－210
＝24 755(万元)

A公司应付职工薪酬年初余额100万元,本年计入生产成本、制造费用、管理费用中职工薪酬为160万元,应付职工薪酬期末余额150万元。

根据资料,A公司2017年度现金流量表中"支付给职工以及为职工支付的现金"项目的填列金额为多少?

解析:支付给职工以及为职工支付的现金＝(应付职工薪酬年初余额＋生产成本、制造费用、管理费用中职工薪酬－应付职工薪酬期末余额)－[应付职工薪酬(在建工程)年初余额－应付职工薪酬（在建工程）期末余额］。

> 支付给在建工程人员的工资，在投资活动产生的现金流量部分的"购建固定资产、无形资产和其他长期资产所支付的现金"项目反映。

所以，支付给职工以及为职工支付的现金＝100＋160－150＝110（万元）

> A公司应交所得税期初余额100万元，当期所得税费用为200万元，递延所得税费用为50万元，应交所得税期末余额120万元；支付的税金及附加为20万元；已交增值税60万元。
>
> 根据资料，A公司2017年度现金流量表中"支付的各项税费"项目的填列金额为多少？

解析：支付的各项税费＝（应交所得税期初余额＋当期所得税费用－应交所得税期末余额）＋支付的税金及附加＋应交税费－应交增值税（已交税金）。

注：公式中不包括递延所得税费用。

所以，支付的各项税费＝（100＋200－120）＋20＋60＝260（万元）

> A公司2017年度发生的管理费用为3 300万元，其中包括：
>
> （1）以现金支付购买办公用品支出525万元。
>
> （2）以现金支付管理人员薪酬1 425万元。
>
> （3）存货盘亏损失37.5万元。

（4）计提固定资产折旧 630 万元。

（5）计提无形资产摊销 525 万元。

（6）以现金支付业务招待费 157.5 万元。

根据资料，A 公司 2017 年度现金流量表中"支付的其他与经营活动有关的现金"项目的填列金额为多少？

根据：该项目反映企业除上述各项目外所支付的其他与经营活动有关的现金，如经营租赁支付的租金、支付的罚款、差旅费、业务招待费、保险费等。此外包括支付的销售费用，及支付的制造费用。

支付其他与经营活动有关的现金＝支付其他管理费用＋支付的销售费用＋支付的制造费用

所以，支付的其他与经营活动有关的现金＝3 300－1 425－37.5－630－525＝682.5（万元）；或支付的其他与经营活动有关的现金＝525＋157.5＝682.5（万元）

## 演练项目二　投资活动现金流量

甲公司 2017 年发生下列业务：

（1）支付购买股票价款为 1 000 万元，划分为交易性金融资产。

（2）支付购买股票价款为 2 000 万元，划分为可供出售金融资产。

（3）支付购买债券价款为 3 100 万元，划分为持有至到期投资，面值为 3 000 万元。

（4）支付价款为 4 000 万元，对丁公司进行长期股权投资，持股比例为 30％，采用权益法核算。

（5）购买固定资产价款为 500 万元，款项已付。

（6）购买工程物资价款为 100 万元，款项已付。

（7）支付工程人员薪酬 60 万元。

（8）预付工程价款 800 万元。

（9）长期借款资本化利息 789 万元、费用化利息 70 万元，本年已支付。

（10）支付购买专利权的价款 600 万元。

根据资料，A 公司 2017 年度现金流量表中"投资支付的现金"项目、"购建固定资产、无形资产和其他长期资产而支付的现金"项目的填列金额分别为多少？

解析：（1）"投资支付的现金"项目＝（1）1 000＋（2）2 000＋（3）3 100＋（4）4 000＝10 100（万元）。

（2）购建固定资产、无形资产和其他长期资产而支付的现金＝（5）500＋（6）100＋（7）60＋（8）800＋（10）600＝2 060（万元）。资本化的长期借款利息 789 万元、费用化利息 70 万元，虽本年已支付，但不在本项目中反映，而在筹资活动现金流量中"偿付利息所支付现金"中反映。

## 演练项目三　筹资活动现金流量及补充资料的填列

甲公司 2017 年发生下列业务：

（1）偿还短期借款，本金 2 000 万元，利息 10 万元，应付利息费用 2 万元。

（2）偿还长期借款，本金 5 000 万元，应付利息 66 万元，其中资本化利息费用 60 万元。

（3）支付到期一次还本付息的应付债券，面值 1 000 万元，3 年的利息 150 万元。

（4）支付现金股利 200 万元。

根据资料，A 公司 2017 年度现金流量表中"偿还债务支付的现金"项目、"分配股利、利润或偿付利息支付的现金"项目的填列金额分别为多少？

解析：（1）偿还债务支付的现金＝（1）2 000＋（2）5 000＋（3）1 000＝8 000（万元）。

（2）分配股利、利润或偿付利息支付的现金＝（1）10＋（2）66＋（3）150＋（4）200＝426（万元）。

甲公司 2017 年 12 月 20 日处置设备一台，原价 180 万元，累计已提折旧 80 万元，收到现金 110 万元，产生处置收益 10 万元。处置固定资产的收益 10 万元，在将净利润调节为经营活动现金流量时应当扣除。

解析：企业处置固定资产、无形资产和其他长期资产发生的损益，属于投资活动产生的损益，不属于经营活动产生的损益，所以，在将净利润调节为经营活动现金流量时，需要予以剔除。如为损失，在将净利润调节为经营活动现金流量时，应当加回；如为收益，在将净利润调节为经营活动现金流量时，应当扣除。

# 第五章

## "权益变动"在这里一览无余

　　所有者权益是指企业资产扣除负债后由所有者享有的剩余权益，也叫股东权益，是企业投资人对企业净资产的所有权，投资者按出资比例分享企业的利润，同时也按其出资额承担企业的经营风险。更重要的是，随着所有权与经营权的分离，企业的所有者有法定的管理企业和委托他人管理企业的权利，当投资者把企业委托给他人管理的时候，他们如何得知自身权益的增减变动情况？如何得知权益是否受损？这样就有了"所有者权益变动表"，通过该表让投资者"一览无余"地了解自身权益是如何变化……

# 第一节　所有者权益变动表是什么鬼

　　一般情况下，我们很少关注所有者权益变动表，容易忽视它，但是企业的投资者往往会很重视它。既然会计报表是满足不同使用者的需求的，在这里，我们很有必要了解一下所有者权益变动表。

　　什么是所有者权益变动表呢？它有何作用？详见图5-1和图5-2。

所有者权益是企业资产扣除负债后由所有者享有的剩余权益。所有者权益变动表（或股东权益变动表）是反映构成所有者权益的各个组成部分当期的增减变动情况的会计报表。

所有者权益变动表反映各项交易或事项导致的所有者权益的增减变动，以及所有者权益组成部分增减变动的结构性信息。该表进行了对所有者权益界定，体现了企业的综合收益。

所有者权益是企业自有资本的来源，它的数量多少、内部结构变动都会对企业的财务状况和经营发展趋势带来影响。

图 5-1　所有者权益变动表的内涵

所有者权益变动表的作用

(1) 有利于揭示企业抵御财务风险的实力，为报表使用者提供企业盈利能力方面的信息。

(2) 有利于对企业的保值增值情况作出正确判断，揭示所有者权益增减变动的原因。

(3) 有利于了解企业净利润的分配去向以及评价利润分配政策。

图 5-2　所有者权益变动表的作用

接下来我们要分析一下该表的具体结构。

> 所有者权益变动表由表首和正表两部分组成。其中，表首说明报表的名称、编制单位、编制日期、报表编号、货币名称和计量单位等，正表以矩阵的形式列报，是所有者权益变动表的主体，反映企业所有者权益的增减变动及年初、年末余额情况。一般企业的所有者权益变动表的具体格式见表5-1。

**表 5-1**            **所有者权益（或股东权益）变动表**

会企 04 表

编制单位：           2017 年度           单位：元

| 项　目 | 本年金额 | | | | | | 上年金额 | | | | | |
|---|---|---|---|---|---|---|---|---|---|---|---|---|
| | 实收资本（或股本） | 资本公积 | 减：库存股 | 盈余公积金 | 未分配利润 | 所有者权益合计 | 实收资本（或股本） | 资本公积 | 减：库存股 | 盈余公积金 | 未分配利润 | 所有者权益合计 |
| 一、上年年末余额 | | | | | | | | | | | | |
| 加：会计政策变更 | | | | | | | | | | | | |
| 前期差错更正 | | | | | | | | | | | | |
| 二、本年年初余额 | | | | | | | | | | | | |
| 三、本年增加变动金额（减少以"－"号填列 | | | | | | | | | | | | |
| （一）净利润 | | | | | | | | | | | | |
| （二）直接计入所有者权益的利得和损失 | | | | | | | | | | | | |
| 1. 可供出售金融资产公允价值变动净额 | | | | | | | | | | | | |
| 2. 权益法下被投资单位其他所有者权益变动的影响 | | | | | | | | | | | | |
| 3. 与计入所有者权益项目相关的所得税影响 | | | | | | | | | | | | |
| 4. 其他 | | | | | | | | | | | | |

| 项　目 | 本年金额 | | | | | | 上年金额 | | | | | |
|---|---|---|---|---|---|---|---|---|---|---|---|---|
| | 实收资本（或股本） | 资本公积 | 减：库存股 | 盈余公积金 | 未分配利润 | 所有者权益合计 | 实收资本（或股本） | 资本公积 | 减：库存股 | 盈余公积金 | 未分配利润 | 所有者权益合计 |
| 上述（一）和（二）小计 | | | | | | | | | | | | |
| （三）所有者投入和减少资本 | | | | | | | | | | | | |
| 1. 所有者投入资本 | | | | | | | | | | | | |
| 2. 股份支付计入所有者权益的金额 | | | | | | | | | | | | |
| 3. 其他 | | | | | | | | | | | | |
| （四）利润分配 | | | | | | | | | | | | |
| 1. 提取盈余公积 | | | | | | | | | | | | |
| 2. 对所有者（或股东）的分配 | | | | | | | | | | | | |
| 3. 其他 | | | | | | | | | | | | |
| （五）所有者权益内部结转 | | | | | | | | | | | | |
| 1. 资本公积转增资本（或股本） | | | | | | | | | | | | |
| 2. 盈余公积转增资本（或股本） | | | | | | | | | | | | |
| 3. 盈余公积弥补亏损 | | | | | | | | | | | | |
| 4. 其他 | | | | | | | | | | | | |
| 四、本年年末余额 | | | | | | | | | | | | |

所有者权益变动表反映的内容：

（1）从反映的时间上看，包括上年金额和本年金额两部分，列示了两个会计年度所有者权益各项目的变动情况，便于对前后两个会计年度的所有者权益总额和各组成部分项目进行动态分析。

（2）从反映的项目上看，反映的内容可以分为五个方面，即：实收资本、资本公积、库存股、盈余公积和未分配利润。

## 第二节　如何编制所有者权益变动表

　　户口本的意义逐渐在淡化。但是户口本的确可以记录这一家人员结构、户口迁移、户主信息等情况的变化。其作用类似所有者权益变动表。只是该表的着眼点定位在股东以及股东权益上。

　　作为企业的投资者，会特别关注所有者权益变动表，这是为什么呢？究其原因，大概是大部分人认为，所有者权益变动表是资产负债表与利润表之间的纽带，它列示了所有者权益的增减变动情况，有利于会计报告使用者进一步了解企业的净资产状况。下面我们就来学习所有者权益变动表是如何编制的。

所有者权益变动表各项目分为"本年金额"和"上年金额"两大栏。其中，"上年金额"栏各项目应当根据上年本表的"本年金额"栏填列。如果上年度所有者权益表规定的各个项目的名称和内容与本年度不同，应对上年度所有者权益表各项目的名称和数字按本年度的规定进行调整，填入"上年金额"栏。

所有者权益变动表"本年金额"栏各项目反映内容以及填列方法如下。

(一)"上年年末余额"项目（见图5-3）

"上年年末金额"项目 —— 反映企业所有者权益各项目的上年年末余额。本项目的金额应当与上年所有者权益变动表的本年金额栏数字相等。

| 项 目 | 本年金额 | | | | 所有者权益合计 |
|---|---|---|---|---|---|
| | 股本 | 资本公积 | 盈余公积 | 未分配利润 | |
| 一、上年年末余额 | | | | | |

**图 5-3　"上年年末余额"项目的填列**

该项目主要反映企业上年资产负债表中实收资本（或股本）、资本公积、盈余公积、未分配利润的年末余额。

(二)"会计政策变更"和"前期差错更正"项目（见图5-4）

"会计政策变更"项目 —— 反映企业根据《企业会计准则——会计政策、会计估计变更和差错更正》，因进行会计政策变更而产生的影响所有者权益的金额，包括对盈余公积和未分配利润项目金额的影响。本项目应当根据企业会计政策的变更情况进行分析填列。

（续图）

反映企业根据《企业会计准则——会计政策、会计估计变更和差错更正》，因进行前期差错更正而产生的影响所有者权益的金额。本项目应当根据企业前期差错的更正情况进行分析填列。

"前期差错更正"项目

| 项　目 | 本年金额 | | | | 所有者权益合计 |
|---|---|---|---|---|---|
| | 股本 | 资本公积 | 盈余公积 | 未分配利润 | |
| 一、上年年末余额 | | | | | |
| 加：会计政策变更 | | | | | |
| 前期差错更正 | | | | | |

**图5-4　"会计政策变更"和"前期差错更正"项目的填列**

这两个项目分别反映企业采用追溯调整法处理的会计政策变更的累积影响金额和采用追溯重述法处理的会计差错更正的累积影响金额。

为了体现会计政策变更和前期差错更正的影响，企业应当在上期期末所有者权益余额的基础上进行调整得出本期期初所有者权益，根据"盈余公积""利润分配""以前年度损益调整"等科目的发生额分析计算填列。

（三）"本年增减变动额"项目（见图5-5、图5-6、图5-7和图5-8）

（1）"净利润"项目，反映企业当年实现的净利润（或净亏损）金额，并对应列在"未分配利润"栏。

（2）"其他综合收益"项目，反映企业当年直接计入所有者权益的利得和损失的金额。

| 项　目 | 本年金额 | | | | 所有者权益合计 |
|---|---|---|---|---|---|
| | 股本 | 资本公积 | 盈余公积 | 未分配利润 | |
| 一、上年年末余额 | | | | | |
| 加：会计政策变更 | | | | | |
| 　前期差错更正 | | | | | |
| 二、本年年初余额 | | | | | |
| 三、本年增减变动额 | | | | | |
| （一）净利润 | | | | | |

| 项　目 | 本年金额 | | | | 所有者权益合计 |
|---|---|---|---|---|---|
| | 股本 | 资本公积 | 盈余公积 | 未分配利润 | |
| 一、上年年末余额 | | | | | |
| 加：会计政策变更 | | | | | |
| 　前期差错更正 | | | | | |
| 二、本年年初余额 | | | | | |
| 三、本年增减变动额 | | | | | |
| （一）净利润 | | | | | |
| （二）其他综合收益 | | | | | |

**图 5-5　"净利润"和"其他综合收益"项目的填列**

(3)"所有者投入和减少资本"项目，反映企业当年所有者投入的资本和减少的资本。

"所有者投入资本"项目 ┄┄▶ 反映企业接受投资者投入形成的实收资本（或股本）和资本溢价或股本溢价，并对应列在"实收资本"和"资本公积"栏。

"股份支付计入所有者权益的金额"项目 ┄┄▶ 反映企业处于等待期中的权益结算的股份支付当年计入资本公积的金额，并对应列在"资本公积"栏。

| 项　目 | 本年金额 | | | | 所有者权益合计 |
|---|---|---|---|---|---|
| | 股本 | 资本公积 | 盈余公积 | 未分配利润 | |
| 一、上年年末余额 | | | | | |
| 加：会计政策变更 | | | | | |
| 　　前期差错更正 | | | | | |
| 二、本年年初余额 | | | | | |
| 三、本年增减变动额 | | | | | |
| （一）净利润 | | | | | |
| （二）其他综合收益 | | | | | |
| （三）所有者投入和减少资本 | | | | | |
| 1. 所有者投入资本 | | | | | |
| 2. 股份支付计入所有者权益的金额 | | | | | |

**图 5-6　"所有者投入和减少资本"项目的填列**

(4)"利润分配"下各项目，反映当年对所有者（或股东）分配的利润（或股利）金额和按照规定提取的盈余公积金额，并对应列在"未分配利润"和"盈余公积"栏。

(5)"所有者权益内部结转"下各项目，反映不影响当年所有者权益总额的所有者权益各组成部分之间当年的增减变动，包括资本公积转增资本（或股本）、盈余公积转增资本（或股本）、盈余公积弥补亏损等项金额。

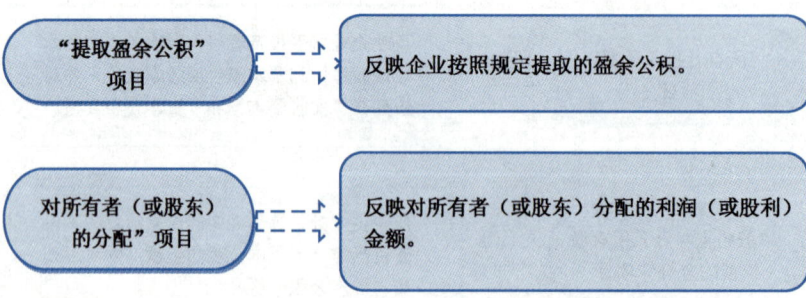

| 项目 | 本年金额 | | | | 所有者权益合计 |
|---|---|---|---|---|---|
| | 股本 | 资本公积 | 盈余公积 | 未分配利润 | |
| 一、上年年末余额 | | | | | |
| 加：会计政策变更 | | | | | |
| 前期差错更正 | | | | | |
| 二、本年年初余额 | | | | | |
| 三、本年增减变动额 | | | | | |
| （一）净利润 | | | | | |
| （二）其他综合收益 | | | | | |
| （三）所有者投入和减少资本 | | | | | |
| （四）利润分配 | | | | | |
| 1. 提取盈余公积 | | | | | |
| 2. 对所有者（或股东）的分配 | | | | | |

图 5-7 "利润分配"项目的填列

"资本公积转增资本（或股本）"项目 ⇢ 反映企业以资本公积转增资本或股本的金额。

| 项目 | 本年金额 | | | | 所有者权益合计 |
|---|---|---|---|---|---|
| | 股本 | 资本公积 | 盈余公积 | 未分配利润 | |
| 一、上年年末余额 | | | | | |
| 加：会计政策变更 | | | | | |
| 前期差错更正 | | | | | |
| 二、本年年初余额 | | | | | |
| 三、本年增减变动额 | | | | | |
| （一）净利润 | | | | | |
| （二）其他综合收益 | | | | | |
| （三）所有者投入和减少资本 | | | | | |
| （四）利润分配 | | | | | |
| （五）所有者权益内部结转 | | | | | |
| 1. 资本公积转增资本（或股本） | | | | | |

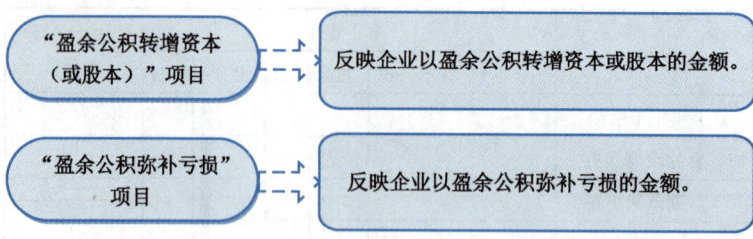

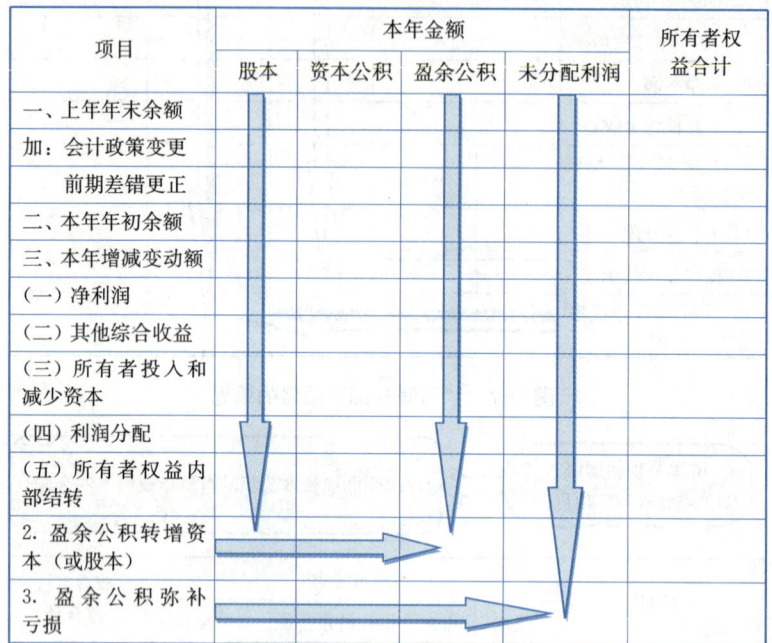

图 5-8　　"所有者权益内部结转"项目的填列

# 第三节　实战演练，从容应对

案例一

　　甲企业盈余公积 2017 年年初余额为 50 000 元，本年度实现的利润总额为 600 000 元，所得税费用为 150 000 元，甲企业按净利润的 10% 提取法定盈余公积，并将盈余公积的 10 000 元转增资本。请问甲企业 2017 年年末盈余公积金额为多少？所有者权益变动表中相关项目应如何填列？

（续上）

解析：由案例中可得：甲企业 2017 年度实现的净利润＝600 000－150 000＝450 000（元）。

按净利润的 10％提取法定盈余公积，则本年度应提取的法定盈余公积＝450 000×10％＝45 000（元）。

综上所述：甲企业 2017 年年末，盈余公积的金额＝50 000＋45 000－10 000＝85 000（元）。所有者权益变动表中"提取盈余公积"项目填列金额为 45 000 元；"盈余公积转增资本"项目填列金额为 10 000 元。

## 案例二

乙企业 2017 年年初所有者权益总额为 160 000 元，本年度将资本公积转增资本 50 000 元。2017 年度实现的净利润为 300 000 元，提取法定盈余公积 30 000 元，向投资者分配利润 20 000 元。请问乙企业 2017 年年末所有者权益金额为多少？所有者权益变动表中相关项目该如何填列？

解析：由案例可得，以资本公积转增资本、提取法定盈余公积都是所有者权益内部项目此增彼减的变动，并不影响所有者权益总额；2017 年度实现的净利润会增加所有者权益总额；向投资者分配利润会减少所有者权益总额。

综上所述：2017 年年末乙企业所有者权益总额＝160 000＋300 000－20 000＝440 000（元）。所有者权益变动表中"净利润"项目填列金额为 300 000 元；"提取盈余公积"项目填列金额为 30 000 元；"向投资者分配利润"项目填列金额为 20 000 元；"所有者权益内部结转"的"资本公积转增资本"项目填列金额为 50 000 元。

通过以上案例的学习，相信大家已经对所有者权益变动表有所掌握，下面为大家总结，到底哪些项目影响所有者权益总额，哪些不影响，以及具体的核算方法，请看表5-2。

表5-2　　　　　　　　　所有者权益的核算方法

| 项　目 | 核　算 | 对所有者权益总额的影响 |
|---|---|---|
| 当期实现的净利润 | — | 增加所有者权益总额 |
| 提取盈余公积 | 借：利润分配——提取法定盈余公积<br>　　　　　　——提取任意盈余公积<br>贷：盈余公积——法定盈余公积<br>　　　　　　——任意盈余公积 | 不影响所有者权益总额的变动 |
| 盈余公积补亏 | (1) 借：盈余公积<br>　　　贷：利润分配——盈余公积补亏<br>(2) 借：利润分配——盈余公积补亏<br>　　　贷：利润分配——未分配利润 | 不影响所有者权益总额的变动 |
| 盈余公积转增资本 | 借：盈余公积<br>　　贷：股本/实收资本 | 不影响所有者权益总额的变动 |
| 资本公积转增资本 | 借：资本公积<br>　　贷：股本/实收资本 | 不影响所有者权益总额的变动 |

# 第六章
## 会计报表的附注

对于某项经济业务，有时可能会存在不同的会计原则和不同的会计处理方法，简单来说，就是有不同的会计政策可供选择。如果不说明会计报表中的这项业务所采用的原则和会计处理方法，很有可能会给会计报表使用者理解报表带来一定的困扰，这就需要在会计报表附注中加以说明……

# 第一节　附注可以弥补会计报表的"漏洞"吗

通过前面内容的学习，我们知道会计报表可以提供企业某一特定日期或特定时期的财务状况、经营成果以及现金流量的变动情况，但是会计报表是有"漏洞"的，大家是否注意到：有些会计信息或内容是会计报表本身无法或难以表达的？

由于会计报表所规定的内容具有一定的固定性和规定性，导致它只能提供货币化的、定量的财务信息，而对报表使用者决策具有重要意义的非货币或非量化的信息则无法反映，这就需要借助附注，此时会计报表附注就可以"大显身手"了……

会计报表附注是会计报表的重要组成部分，是对会计报表的补充说明和详细解释，企业编制会计报表附注的原因是什么呢？它有何作用呢？详见图6-1。

(1)附注拓展了企业财务信息的内容，打破了会计报表内容必须符合会计要素的定义，又必须同时满足相关性和可靠性的限制。
(2)附注突破了项目必须以货币计量的局限性。
(3)附注充分满足了企业财务信息是为其使用者提供有助于经济决策信息的要求，增进了会计信息的可理解性。
(4)附注还能提高会计信息的可比性，例如，通过揭示会计政策的变更原因及事后的影响，可以使不同行业或同一行业不同企业会计信息的差异更具有可比性，从而便于进行对比分析。

**图6-1　会计报表附注的作用**

附注披露的注意事项又有哪些呢？详见图6-2。

(1)附注披露的信息应是定量、定性信息的结合，能从量和质两个角度对企业经济事项进行完整地反映，以满足信息使用者的决策需求。
(2)附注要按照一定的结构进行系统合理的排列和分类，有顺序地披露信息。由于附注的内容繁多，因此更应按逻辑顺序排列，分类披露，条理清晰，具有一定的组织结构，以便于使用者理解和掌握，更好地实现会计报表的可比性。
(3)附注相关信息应当与资产负债表、利润表、现金流量表和所有者权益变动表等报表中列示的项目相互参照，这样有助于使用者联系相关联的信息，并由此从整体上更好地理解会计报表。

**图6-2　附注披露的注意事项**

## 第二节 附注披露的内容，你注意到了吗

小学生刚学写作文，老师会告诉他们时间、地点、人物必不可少。其实，在我们会计报表附注上也存在着一些不可或缺的内容。这些内容应引起我们的注意，不可以犯一些低级错误，让人贻笑大方。

按照我国《企业会计准则》的规定，会计报表附注至少应当披露下列内容（见图6-3），但是重要项目除外。

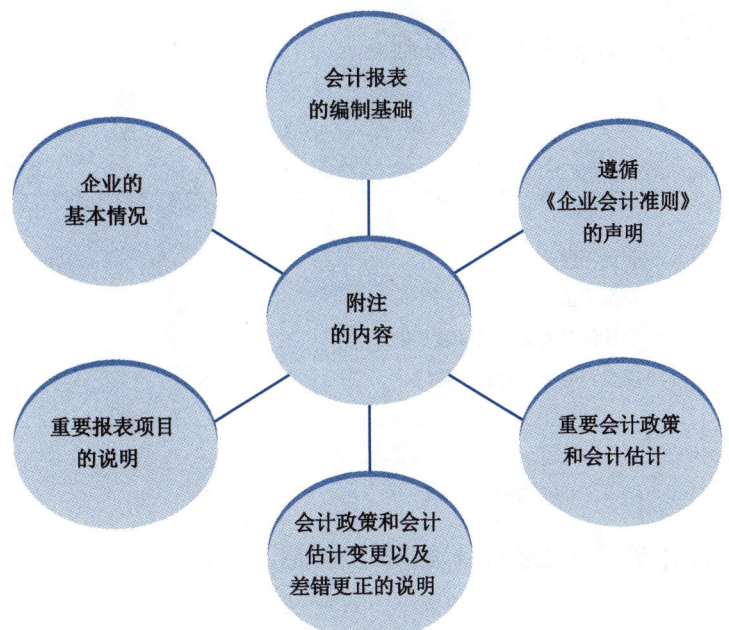

图 6-3　会计报表附注披露的内容

(一) 企业的基本情况

(1) 企业注册地、组织形式和总部地址。

(2) 企业的业务性质和主要经营活动。

(3) 母公司以及集团最终母公司的名称。

(4) 会计报告的批准报出者和会计报告的批准报出日。

## (二) 会计报表的编制基础

(1) 会计年度。

(2) 记账本位币。

(3) 会计计量所运用的计量基础。

(4) 现金和现金等价物的构成。

## (三) 遵循《企业会计准则》的声明

企业应当明确说明编制的会计报表符合《企业会计准则》的要求，真实、完整地反映了企业的财务状况、经营成果和现金流量。如果企业编制的会计报表只是部分地遵循了《企业会计准则》，附注中不得作出这种表述。

## (四) 重要会计政策和会计估计

企业应当披露重要的会计政策和会计估计，不重要的会计政策和会计估计可以不披露。判断会计政策和会计估计是否重要，应当考虑与会计政策和会计估计相关项目的性质和金额。

企业应当披露以下内容：

(1) 披露会计政策的确定依据。

(2) 披露会计估计中所采用的关键假设和不确定因素的确定依据。

企业应当披露的会计政策包括以下。

## 1. 存货

（1）确定发出存货成本所采用的方法。
（2）可变现净值的确定方法。
（3）存货跌价准备的计提方法。

## 2. 固定资产

（1）固定资产的确认条件和计量基础。
（2）固定资产的折旧方法。

## 3. 无形资产

（1）使用寿命有限的无形资产使用寿命的估计情况。
（2）使用寿命不确定的无形资产使用寿命不确定的判断依据。
（3）无形资产的摊销方法。
（4）企业判断无形资产项目支出满足资本化条件的依据。

## 4. 资产减值

（1）资产或资产组可收回金额的确定方法。
（2）可收回金额按照资产组的公允价值减去处置费用后的净额确定的，确定公允价值减去处置费用后的净额的方法、所采用的各关键假设及其依据。
（3）可收回金额按照资产组预计未来现金流量的现值确定的，预计未来现金流量的各关键假设及其依据。
（4）分摊商誉到不同资产组采用的关键假设及其依据。

5. 股份支付

> 权益工具公允价值的确定方法。

6. 收入

> 收入确认所采用的会计政策，包括确定提供劳务交易完工进度的方法。

7. 所得税

> 确定递延所得税资产的依据等。

## (五) 会计政策和会计估计变更以及差错更正的说明

（1）会计政策变更的性质、内容和原因。

（2）当期和各个列报前期会计报表中受影响的项目名称和调整金额。

（3）会计政策变更无法进行追溯调整的事实和原因以及开始使用变更后的会计政策的时点、具体应用情况。

（4）会计估计变更的内容和原因。

（5）会计估计变更对当期和未来期间的影响金额。

（6）会计估计变更的影响数不能确定的事实和原因。

（7）前期差错的性质。

（8）各个列报前期会计报表中受影响的项目名称和更正金额；前期差错对当期会计报表也有影响的，还应披露当期会计报表中受影响的项目名称和金额。

（9）前期差错无法进行追溯重述的事实和原因以及对前期差错开始进行更正的时点、具体更正情况。

## （六）重要报表项目的说明

企业应当尽可能以列表形式披露重要报表项目的构成或当期增减变动情况。对重要报表项目的明细说明，应当按照资产负债表、利润表、现金流量表、所有者权益变动表的顺序以及报表项目列报顺序进行披露，应当以文字和数字描述相结合进行披露，并与报表项目相互参照。

（由于篇幅所限，有关报表重要项目的披露内容和格式在此省略）